华藏"国学经典践行教育丛书"

贾汉礼◎主编

HUA ZANG
DI ZI GUI
JIAN XING JIAO CAI

华藏《弟子规》践行教材

中国财富出版社

图书在版编目（CIP）数据

华藏《弟子规》践行教材 / 黄汉礼主编 . —北京：中国财富出版社，2013.3
（华藏国学经典践行教育丛书）
ISBN 978 - 7 - 5047 - 4499 - 9

Ⅰ. ①华…　Ⅱ. ①黄…　Ⅲ. ①古汉语—启蒙读物　Ⅳ. ①H194.1

中国版本图书馆 CIP 数据核字（2012）第 316462 号

策划编辑　张彩霞		**责任印制**　方朋远	
责任编辑　张彩霞		**责任校对**　梁　凡	

出版发行　中国财富出版社（原中国物资出版社）
社　　址　北京市丰台区南四环西路 188 号 5 区 20 楼　　**邮政编码**　100070
电　　话　010 - 52227568（发行部）　　　　010 - 52227588 转 307（总编室）
　　　　　　010 - 68589540（读者服务部）　　010 - 52227588 转 305（质检部）
网　　址　http：//www.clph.cn
经　　销　新华书店
印　　刷　三河市西华印务有限公司
书　　号　ISBN 978 - 7 - 5047 - 4499 - 9/H · 0109
开　　本　710mm × 1000mm　1/16
印　　张　15　　　　　　　　　　　　　　　**版　　次**　2013 年 3 月第 1 版
字　　数　245 千字　　　　　　　　　　　　**印　　次**　2013 年 3 月第 1 次印刷
印　　数　0001—5000 册　　　　　　　　　　**定　　价**　29.80 元

华藏国学经典践行教育丛书
编著委员会

编委主任　滕树琴

编　　审　郭继承

主　　编　黄汉礼

副 主 编　谭爱国　曹　琳

编　　辑　张　广　王　舟　段　杰

丛书序

在知识经济时代，建设学习型社会、构建终身教育体系、孕育与营造全民参与的终身学习文化氛围，已经成为全体社会成员的法定权利和义务。学习将逐步从那种狭隘、功利的行为，转变为主动的、贯穿生命全过程的自觉意识和生活需求。知识增长和扩展的无限性，决定了"学无止境"将成为社会的基本生存状态和运行准则，开启着全民共建中华民族精神家园的新纪元。

中国优秀的传统文化是中华民族在数千年的政治、经济、文化不断发展的历史长河中，经过长期的孕育、积淀和演变，不断归纳、总结、吸收、融合多民族的文化精髓，形成了具有中华民族特色的思想体系、文化体系、学术体系。其内涵和外延相当丰富，是我们民族的血脉，为我们留下自立于世界文化之林的巨大精神财富；也是我国建设学习型社会，构建终身学习文化体系的历史渊源和重要组成部分。

在教育部教育管理信息中心和中国成人教育协会共同开展的全国城乡社区数字化教育（CCDT）培训项目中，社区与家庭"隔代教育"专业人才的培养，特别令人瞩目。在创新当代隔代教育工作体系中，不但需要引进、借鉴与吸收国外亲子教育和家庭教育的科研成果，而且还应该强调中国式隔代教育的思想性和文化性。其中，育人的科学性、中华传统文明的文化性、中国革命和爱国主义教育的思想性构成了三位一体的中国式"隔代教

1

育"的特色。这项教育培训工程，得到了国务院关心下一代工作委员会领导的关怀，得到中国下一代教育基金会设立的"大手拉小手""五老（老干部、老战士、老专家、老教师、老模范)"专项基金的支持，并由北京东方妇女老年大学会同中国成人教育协会项目部组织实施。本教育培训工程探索通过社区隔代教育专业人才的培养，把社区教育、家庭教育、老年教育、从孩子抓起的素质教育以及终身学习等融为一体。其中也包含了博大精深的中华传统文化的践行教育。

北京华藏图书馆是国内首家以弘扬中华传统文化为主旨的公益图书馆。多年来，华藏国学教育不断深入大、中、小学进行践行教学，同时深入社区和企业进行传统文化践行的推广与传播，创造了扎实而活泼的"学、行、教"立体践行教学法，开发了《华藏国学经典践行教育丛书》，为"隔代教育"人才培养做了许多扎实而艰苦的探索与准备。该套以丛书形式编写的教材，根植于践行的社会实践，强调学以致用，除对国学经典原文的译释外，还充实了引申、导航、拓展、实操以及学习简报、践行心得等内容，倡导生动活泼快乐的学习，具备可操作性、可复制性、可持续性，值得关注和借鉴。

出于鼓励社会方方面面共同为全民学习添砖加瓦，是为序。

全国城乡社区数字化教育项目管理办公室

2012 年 11 月 25 日

前　言

　　《弟子规》作为一部童蒙养正的经典，虽然只有短短的千余字，但言简意丰，精要地为我们指出了为人子弟应秉行的待人接物等礼仪规范。待人上指出了人人应遵循父子有亲、长幼有序、朋友有信、泛爱亲仁等伦常道德；接物上提示我们要落实饮食有节、穿衣有时、起居有常、行动有则的规范。

　　《华藏〈弟子规〉践行教材》是华藏培训教师在带领大家一起学习《弟子规》的过程中，组织有志之士共同编著的一份具有鲜明华藏"立体"学习模式特点的教材。全书共29课，学习内容包括"解字、释义、引申、导行、范例、每周学礼、拓展训练"七个部分，构成了从释义到践行的完整教学环节，每周上一课，系一年的课程。

　　本书内容丰富，实用性强，既有理论，又有实际操作方法，老师、学生、家庭全方位参与，属综合性"立体"教材，可作为学校推行素质教育的参考书、德育老师的教学用书，或家长和学生的学习辅导用书，亦可作为其他国学推广机构的参考用书。《大学》云：日日新，又日新。对于文化典籍，我们应该抱着不断完善的态度，力图让其成为提升人格和德行的有益参考。我们的做法也只是一种尝试，欢迎朋友们的批评和指教。

　　由于《弟子规》是古代作品，书中部分内容难免带有历史的局限性，不合当今时宜，在编写过程中，我们都进行了说明和辨析，在批

判继承中更加有助于我们理解现代文化，使其起到"保持民族性，体现时代性"的引导作用，传承中华文化。

由于编者水平有限，疏漏错误之处在所难免，细心的读者若发现错谬，恳请联系编者，以便及时更正。

北京华藏图书馆

2012 年 9 月

独特的《弟子规》学习方法

——华藏"学、行、教"立体学习法

《弟子规》原名《训蒙文》，作者李毓（yù）秀是清朝康熙年间的秀才。内容以孔子《论语·学而篇》第六条"弟子入则孝，出则弟（tì），谨而信，泛爱众，而亲仁，行有余力，则以学文"为纲目，分为七个部分，具体列举出了为人子弟在家、出外、待人接物及学习上应该恪守的礼仪与规范，特别强调"孝"是人之本分，行之本源。"弟子"，指学生、晚辈。学问是没有止境的，"三人行，必有我师"。"规"就是规范、道理。《弟子规》就是为人子弟做人应依循的道理、应遵守的行为规范。人的生命过程应是一个不断学习的过程，所以我们每个人都是弟子，都应该学习《弟子规》、践行《弟子规》。

北京华藏图书馆在学、行《弟子规》的过程中，经过不断地摸索和实践，初步总结出一套扎实渐进、令大众颇多受用的学、行模式和方法，我们姑且把这种方法称之为华藏"学行教"立体学习法，这种方法也可在学习其他国学经典时作参考。

一、学

《弟子规》虽然只有短短的千余字，但却几乎涵括了一个人行、住、坐、卧等基本礼仪和规范。然而现今的教育体系并没有使这个童蒙养正的教育得到普遍传播，因此普及推广这种根本教育，需要从最基础的学习开始。我们自2008年3月15日开始举办《弟子规》学习活动，每周六上午学习约两个半小时，每次根据内容学习二至四句经文。通过不断累积和完善，总结出一套扎实而活泼的《弟子规》共学方法。现将方法简要介绍如下：

1. 行礼（5 分钟）

每次学习前所有同学列队向至圣先师——孔子像三鞠躬，此举是为了收敛

1

身心，诚意正心，培养尊师向学之心。感念师恩，德泽后人。

2. 温故（10分钟）

主持人领众温习上期学习内容。"温故而知新。"

3. 每期学礼（10分钟）

将《弟子规》里面涉及的礼仪结合现实生活，分类成礼，主持人领众每周学习一个主题，并请同学模拟演习，有情趣，有察省，有受用。

4. 诵读《弟子规》全文（15分钟）

大家一起来平心静气诵读，历练一种不急不缓、安定徐为的气度和沉稳、从容的心理素质，从中体会读书乐趣。

5. 轮读本期教材（20分钟）

轮读教材，体解文意。每人一段，使每个人都能够平等参与。

6. 写心得（35分钟）

止语，围绕本期学习主题，结合自身理解和践行，每人精要写出学习心得。此举可以在短时间内训练思维，提高语言文字组织能力。

7. 演讲分享（55分钟）

每位同学根据自己的心得体会，轮流上台做3～5分钟的分享演讲。演讲前先要向大家鞠躬致意，背诵本期学习的经文。此举可锻炼大家的当众讲话和语言表达能力。背诵经文是为了促使大家在极短的时间内强化记忆，可提高记忆力和定力。而每个人在分享的同时，由于其知识面、社会背景、工作生活环境的不同，其针对此学习主题进行分享的角度、层面也各有不同，这样"一"与"多"的交换，拓宽了眼界，开阔了心胸，使大家对经文理解得更通透。别人的学行分享也是对自己的策勉。

8. 学唱孝亲励志歌曲（5分钟）

熏染孝心，砥砺壮志。也充分体现了学习的确是一种享受，轻松而优雅。

二、行

经过第一轮的基础学习，参与学习的同学对《弟子规》几乎都能熟读成诵，都能理解文意，也会有一些感触。但学习知识本身不是目的，目的是学以致用，所以一定要将所学内容与日常生活结合起来，融会贯通，运用自如，才能真正成为一个有修养的人。因此，就必须学通、学透《弟子规》。

以下学习方法是在第一轮学习的基础上，以行、用为主线的深化学习。

1. 探索用《弟子规》里的智慧开解现实生活中的问题

大家提出学习、工作、家庭、生活中遇到的问题和困惑，例如：如何让每一天过得安然自在，如何使家庭和乐，怎样做一个孝顺的子女、合格的家长，怎样做一个好领导（员工）等，确定不同主题，然后大家一起从《弟子规》中找寻答案。每期研讨、解决一个问题。如同把脉诊病，因病与药，力行与否就是肯否服药的问题。同学之间互相监督策勉。

2. 情境演习

找出《弟子规》里可演练的情境部分，在情境中感受和体会《弟子规》里的教诲。当然这只是导引，情境不仅仅是在图书馆或共学的场所，更多是在家庭、工作单位及社会上每一个与人相处的地方。力行生活化才是真正落实圣贤教诲。

3. 分享德育故事

每人每期轮流给大家分享一个德育故事，准备的过程就是学行圣贤教诲的过程。把一个故事讲得绘声绘色，感人动心，就是在教。全员参与，对德育故事进行剖析，从典范中发现力行点。

三、教

经过以上"学、行"两个阶段的学习，在理论和实践上都进行了相应的储备，初步具备了言传身教的能力，言传是基础，身教是关键。

我们很多人都是多重身份，父母、子女、领导、朋友，我们把不同身份应存的心、应说的话、应做的事、应改的习气做出样子给孩子看、给家人看，这样才能打动人，才有折服力，这个过程就是"德皆建"的过程，也是一个言传身教的过程。

我们在学、行的同时也逐步到社区、学校等地方进行推广实践，并不断总结经验，相信经过踏实的积累，会逐步形成一套独具特色、真实受用的教育推广模式。

四、小结

华藏在学习《弟子规》的过程中，初步总结出来的"学、行、教"立体式学习法，也可以尝试用于学习其他经典。"学、行、教"三者之间是相互交融的，学的同时，就在行、教，学多少，就可以行、教多少，同时也是为以后更好地行、教打下坚实的基础；行的同时，既是对学习的深化、巩固，也是为了有的放矢地教学；教，则是对自己的深度检验，教学相长。所以，"学、行、教"三者之间又是相资相助、相得益彰的关系，不可偏废。

为什么学（行、教），学（行、教）什么，怎么学（行、教），这是贯穿"学、行、教"各个环节的一条主线，从外行契入内修，内修又坚实外行，达到内外和谐，表里如一，最终是让每个人自性本善的德能显发出来，所言所行皆顺于道德。这样才能真正实现自己自在、与人欢喜、社会和谐的学习目的。

目录

亲爱我　孝何难　亲憎我　孝方贤

亲有过　谏使更　怡吾色　柔吾声

谏不入　悦复谏　号泣随　挞无怨

亲有疾　药先尝　昼夜侍　不离床

丧三年　常悲咽　居处变　酒肉绝

丧尽礼　祭尽诚　事死者　如事生

兄道友　弟道恭　兄弟睦　孝在中

财物轻　怨何生　言语忍　忿自泯

或饮食　或坐走　长者先　幼者后

长呼人　即代叫　人不在　己即到

称尊长　勿呼名　对尊长　勿见能

路遇长　疾趋揖　长无言　退恭立

骑下马　乘下车　过犹待　百步余

长者立　幼勿坐　长者坐　命乃坐

尊长前　声要低　低不闻　却非宜

进必趋　退必迟　问起对　视勿移

事诸父　如事父　事诸兄　如事兄

朝起早　夜眠迟　老易至　惜此时

晨必盥　兼漱口　便溺回　辄净手

冠必正　纽必结　袜与履　俱紧切

置冠服　有定位　勿乱顿　致污秽

衣贵洁　不贵华　上循分　下称家

对饮食　勿拣择　食适可　勿过则

年方少　勿饮酒　饮酒醉　最为丑

步从容　立端正　揖深圆　拜恭敬

勿践阈　勿跛倚　勿箕踞　勿摇髀

缓揭帘　勿有声　宽转弯　勿触棱

执虚器　如执盈　入虚室　如有人

事勿忙　忙多错　勿畏难　勿轻略

斗闹场　绝勿近　邪僻事　绝勿问

将入门　问孰存　将上堂　声必扬

人问谁　对以名　吾与我　不分明

用人物　须明求　倘不问　即为偷

借人物　及时还　后有急　借不难

凡出言　信为先　诈与妄　奚可焉

话说多　不如少　惟其是　勿佞巧

奸巧语　秽污词　市井气　切戒之

见未真　勿轻言　知未的　勿轻传
事非宜　勿轻诺　苟轻诺　进退错
凡道字　重且舒　勿急疾　勿模糊
彼说长　此说短　不关己　莫闲管

见人善　即思齐　纵去远　以渐跻
见人恶　即内省　有则改　无加警
唯德学　唯才艺　不如人　当自砺
若衣服　若饮食　不如人　勿生戚

闻过怒　闻誉乐　损友来　益友却
闻誉恐　闻过欣　直谅士　渐相亲
无心非　名为错　有心非　名为恶
过能改　归于无　倘掩饰　增一辜

凡是人　皆须爱　天同覆　地同载
行高者　名自高　人所重　非貌高
才大者　望自大　人所服　非言大

己有能　勿自私　人所能　勿轻訾
勿谄富　勿骄贫　勿厌故　勿喜新
人不闲　勿事搅　人不安　勿话扰

人有短　切莫揭　人有私　切莫说
道人善　即是善　人知之　愈思勉

房室清　墙壁净　几案洁　笔砚正

墨磨偏　心不端　字不敬　心先病

列典籍　有定处　读看毕　还原处

虽有急　卷束齐　有缺坏　就补之

非圣书　屏勿视　蔽聪明　坏心志

勿自暴　勿自弃　圣与贤　可驯致

第一章

总 叙

释题

　　《弟子规》原名《训蒙文》，是清朝康熙（xī）年间秀才李毓（yù）秀根据孔夫子《论语·学而篇》第六条："弟子入则孝，出则弟（tì），谨而信，泛爱众，而亲仁，行有余力，则以学文"的文义，以三字一句，两句一韵编纂（zuǎn）而成。后经清朝贾存仁修订改版，并改名为《弟子规》。它特别注重家庭教育与生活教育，是童蒙养正，教育弟子敦伦尽分、防邪存诚、养成忠孝家风的最佳读物。

　　《弟子规》规定了弟子主修的六门功课（孝、弟、谨、信、泛爱众、亲仁）和辅修的一门功课（余力学文）。首先在日常生活中要做到孝敬父母、爱敬兄长；其次在一切言行中，要谨慎，要讲信用；和大众交往时，要平等博爱；并且亲近品德高尚、仁慈宽厚的人，向他虚心学习。以上这些是做人的根本和基础，基础奠定后，应该好好"学文"，充实其他有益的学问和技能。

第1课

dì zǐ guī　shèng rén xùn　shǒu xiào tì　cì jǐn xìn
弟子规　圣人训　首孝弟　次谨信
fàn ài zhòng　ér qīn rén　yǒu yú lì　zé xué wén
泛爱众　而亲仁　有余力　则学文

弟子规　圣人训　首孝弟　次谨信

解字

弟子：指学生。规：规范。圣人：圣贤的人，这里指孔子，也指古圣先贤。训：教导。首：第一，此处引申为根本。孝：会意字，"孝"的古体字上"老"下"子"，子背负老之意，表示上一代与下一代本为一体，即晚辈要尊敬长辈，侍老奉亲。弟（tì）：通"悌"，爱敬兄长。

释义

《弟子规》是依据古圣先贤的教诲编写而成的学生为人处世的生活规范。学生及为人子弟者，在日常生活当中首先要做到的是孝顺父母，爱敬兄长，这是做人的根本。其次，一切言语行为要小心谨慎，笃（dǔ）守信用。

引申

"弟子规，圣人训"这两句的重点在于以"弟子"对"圣人"，强调谦虚之德。我们学无长进，很多时候是因为不谦虚，认为孔子等圣人没有什么了不起，甚至认为我们有时候还能够指出圣人的错误，实不足取。若能老老实实把自己定位为"弟子"，才有机会真正承接和领纳古圣先贤的思想和智慧。

"孝弟"是对亲人，"谨信"是修养自己，然后推己及人，把对亲人的孝

3

悌之心扩大到全体人类乃至全体众生。这是圣人针对我们事事"以我为中心"的习气，以及我们有限的心量和能力，而给予的方便教诲。

范例——孔子讲学

孔子是我国著名的思想家、教育家。他自"而立"之年即以《诗》《书》《礼》《乐》为教，更能以身示范。是他开创了我国历史上私人讲学的先河，将读书由贵族阶层推广到民间。他首先提出"有教无类"和"因材施教"的教育思想，培养学生"学而时习"和"温故知新"等良好习惯。他更以诲人不倦的精神，对学生如慈母般关怀备至，如严父般导以正道，如朋友般切磋相长，莫不因其才而成就之。虽子羔之愚，曾参之鲁，子张之偏激，子路之粗鄙，受教后终成大器。尤以曾子能得道之全体而任传道之责，成为宗圣。更有佼（jiǎo）佼者，以德行见长如颜回、闵（mǐn）子骞、冉（rǎn）伯牛、仲弓，以语言见长如宰我、子贡，以政事见长如冉求、子路，以文学见长如子游、子夏。孔子有弟子三千，身通六艺者七十有二，故能将浩瀚的传统文化推广和流传下来。

泛爱众　而亲仁　有余力　则学文

解字

泛：广泛，普遍。爱：《说文解字》解释为"加惠于人之意，亦即怀福人之心，有利人之行"。爱众：关心爱护，包容体恤大众，先人后己，代人之劳，成人之美。仁：会意字，左"人"右"二"，意为二人合而为一，亲如一体，也有相容相合、视人如己之意，所以"仁"指心怀人人。这里作"仁德"讲。力：精力。文：文献，典籍。古指礼、乐（yuè）、御、射、书、数六艺，今指有用的文化知识和各种技能。

释义

要有爱心，平等友爱地对待身边的每一个人，主动去亲近道德高尚的人。

当我们打好立身处世的德行基础后，有多余的时间和精力，就要好好学习其他有益的学问。

引申

孩子在幼年时期能够受到扎实的孝悌教育，就懂得礼敬父兄及年长者，友爱弟妹及年少者。这是孝悌之爱的自然延伸。亲仁，本意是说亲近有仁德的人，用以提升自己的才德和智慧。"爱众"与"亲仁"是相互补充的两个方面。"爱众"者，爱一切人乃至众生。众生不论是怨是亲，是智是愚，是贵是贱，是贫是富，我们均应平等对待。

前面讲的六门功课主要是"德"，还有一门辅助功课是"才"。《弟子规》强调德才兼备，但"德"是首要和根本，立德之后方可立才。否则，有才无德为害更大。

范例——书读百遍，其义自见

东汉有一个叫董遇的人，幼时家贫，以砍柴为生。他在生活奔波之余，常读书学习，却受到其兄讥讽，但董遇并没有因此放弃学习，他精勤不懈，学问日渐渊博，还写出两部书，引起轰动。董遇的名声越来越大，附近的人纷纷前来求教，并问他学习的窍门。董遇说："书读百遍，其义自见。"大家说："可是没有时间呀！"董遇说："学习要利用'三余'：冬天为一年之余，晚上为一天之余，雨天为平日之余。"人们听了董遇的话恍然大悟。

每周学礼

本期主题：为什么尊称孔子为"大成至圣先师"

孔子名丘，字仲尼，春秋末期鲁国人，是我国古代伟大的思想家、教育家、政治家、儒学宗师。自汉武帝罢黜（chù）百家、独尊儒术后，历代封建王朝皆尊孔崇儒。明清两朝皇帝都曾尊谥（shì）孔子"至圣先师"的封号，中华民国政府则封其为"大成至圣先师"。孔子人格伟大，大公无私，是古今

教师的表率。清圣祖康熙曾以"万世师表"四字题为孔庙匾额，后世遂以此专称孔子，赞美孔子乃千秋帝王之师、万世人伦之表。

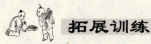

拓展训练

让我们爱上"美"

中国传统文化是一种崇尚美、习惯美、体现美的文化体系。以德才示美，以德才追求人生之美。道德教育的实质是塑造一个健全的人格，给个体带来幸福与和谐。它应该遵循教育对象个人内心自觉自愿的规律。德育不是一种"外求"与"他塑"，是一种自觉与感悟。道德教育活动，是精心建设道德教育过程，让道德教育的内容、形式成为一幅美丽的画，一首动听的歌，孩子们与这幅画、这首歌相遇时，自觉地在欣赏中接纳它所表达的内涵。

小练习

临摹中国画，制作中国结，制作窗花等，让孩子了解中国文化，理解中国文化之美。

第二章

入则孝

释题

　　这是学生主修的第一门课。"入"是在家，孝为古八德（孝、悌、忠、信、礼、义、廉、耻）之一。"孝"字从小篆体来看，从老，从子，意为子背着老，即子能承其亲，老慈爱其子，老子一体之意。对于"弟子"来说，"入则孝"就是在家要善事父母。善事，主要表现在两个方面：一是心里常念念不忘父母的养育之恩；二是行动上处处照顾、考虑父母。这是做人的根本，常言道："子孝双亲乐，家和万事兴。"

　　子女从父母那里承传血脉和家训。子女之身源自父母，不孝敬父母就失去了自身的大根大本。《孝经》云："身体发肤，受之父母，不敢毁伤，孝之始也。"这是说为人子女，欲行孝，应先从爱护自己开始，不要让自己的身体有所毁伤而令父母担忧。更要铭记"德有伤，贻亲羞"的警言，在自己的品行上，严于律己，不做不仁、不义、无信、无礼的事。我们能够以德润身，奋发向上，不让父母为我们操心、因我们蒙羞，这是孝顺的第一步。

第2课

fù mǔ hū yìng wù huǎn fù mǔ mìng xíng wù lǎn
父 母 呼 应 勿 缓 父 母 命 行 勿 懒

fù mǔ jiào xū jìng tīng fù mǔ zé xū shùn chéng
父 母 教 须 敬 听 父 母 责 须 顺 承

父母呼 应勿缓 父母命 行勿懒

解字

呼：召唤。应（yìng）：应答。勿：不要，不可以。缓：迟缓。

释义

父母叫我们的时候，要及时回应；父母吩咐我们做事的时候，要马上落实，不可拖延偷懒。

引申

2007年度最感人的歌曲之一《跪羊图》中有句话："古圣先贤孝为宗，万善之门孝为基。"那么，孝的根本在哪里呢？孟子说："孝子之至，莫大乎尊亲。"意思是说孝子行孝的极点，没有超过尊奉双亲的。可见孝的关键在尊亲、敬亲。那么尊亲、敬亲从哪里入手呢？就从对待父母的一言一行中锻炼培养。千万不要认为孩子还小，就忽视了教育。好习惯会让孩子受用一生，而坏习惯则可能贻（yí）害他终生。

当然，除了对父母"应勿缓""行勿懒"外，对师长、领导乃至夫妻之间都应这样。只有我们以平等心和恭敬心将之推广到越来越多的人，才能建立起和谐融洽的家庭关系、同事关系、朋友关系等各种社会关系。

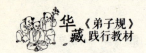

导行

1. 父母叫我们时，要根据情况马上答应。

2. 父母让我们去做事时，应该快速回应并着手去做。若有特殊情况应向父母说明。

3. 父母吩咐我们去做的事，一要认真，二要做好，三要将结果及时禀告父母。

范例——啮（niè）指痛心

曾子是春秋时期鲁国人，孔子的得意弟子，以孝著称。有一天，曾子进山打柴，他妈妈留在家里。突然，家里来了一个客人拜访曾子，他妈妈见到一个陌生人找自己的儿子，一下子不知所措，情急之下，咬破了自己的手指。这个时候在山上打柴的曾子，就感觉自己的心一抽、一疼，马上就想是不是妈妈有什么事？是不是妈妈在叫我？于是赶紧背着打好的柴，急匆匆地返回家里，跪问母亲："母亲，我刚才心一抽、一疼，是不是您老人家有什么事？"妈妈就说："刚才有客人突然到来，我不知道说什么好，又怕说得不好，让人家觉得不符合规矩，我没有办法，就只好咬着手指盼你回来。"这就是我们史籍当中记载的故事。有时候母子之间心灵相通，这一种呼唤，连声音都不需要。这就是中国传统对于"父母呼"，对于父母和子女之间这种亲情的一种感人的描述。我们现在要学习要工作，都很忙，就好像有理由忽略父母的呼声，其实这是不对的。

父母教 须敬听 父母责 须顺承

解字

教：本义为"上所施，下所效"，即长辈对晚辈指导督责之意。这里指教导、教诲。《孝经》云："夫孝，德之本也，教之所由生也。"因此，无"孝"不成"教"，"孝"乃"教"之本。有了孝作为根基，才能受教有本。责：责备。顺：顺应，顺从。承：接受。

释义

父母教导我们为人处世的道理，是为了我们好，应该恭敬地聆（líng）听。做错了事，父母责备教诫时，应当心悦诚服地虚心接受，不可强词夺理，伤父母之慈心。

引申

明朝屠羲（xī）时《童子礼》云："凡侍坐尊长，目则常敬候颜色，耳则常敬听言论，有所命则起立。"教导我们，凡是侍坐尊长要常常恭敬地观察和听从尊长的教导，一旦尊长有所教示，则马上起立回应。

父母对我们有极大的恩德。母亲十月怀胎，一朝分娩。儿女生日，母亲苦日。我们三岁之前，是父母最操劳的时候。他们时时顾念、处处疼爱我们，经常会因为我们而寝食不安。所以，古有父母去世守孝三年的传统，就是为了忆念父母在这三年中对我们的莫大恩德。

一个人如果在家里不肯听从父母教诲，那么，当他在学校和社会上与人交往的时候，便也很难用恭敬之心去领受老师、长辈、领导的教诲。许多父母只知道期望孩子将来有个美好的前途，却不晓得培养孩子的品德素养。怎么教孩子恭敬聆听呢？根据孩子年龄特点可以给他讲述孝、悌、忠、信、礼、义、廉、耻的八德故事。孩子自然会从动人的故事中得到滋养和启发。

导行

4. 父母教诲我们时，首先要认真地听，并且要有回应，同时不要做其他的事。

5. 父母在责备训导我们时，首先要顺从，不要顶撞，要检查自己，虚心接受。

6. 若父母的责备训导不对或者方式有所欠妥，我们仍要耐心地听父母说完，等父母心平气和时再解释。

范例——挨杖伤老

韩伯愈是汉朝有名的孝子，一次他犯了过错，母亲用拐杖打他，他竟泪如雨下。母亲很奇怪地问："我过去打你，你都是欢欢喜喜地接受，今天为什么这样伤心呢？"伯愈"哇"的一声哭了出来，对母亲说："娘呀！过去您打得疼，我知道母亲健康有力，所以欢喜。今天杖落在我身上，我一点儿都感觉不到疼了，说明母亲体力衰弱了，所以难过得掉眼泪。"面对父母的教诲和责罚，我们是否也有韩伯愈的存心呢？当然，我们能学行圣贤教诲，处处做到合礼法、合道德，令亲心时时安慰，是更值得提倡的孝！

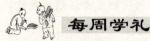 **每周学礼**

本期主题：为什么要学礼仪

大成至圣先师孔子一生讲礼，认为"不学礼，无以立"。就是说，我们不学"礼"，就没办法在社会中立身。那么，什么是礼仪呢？简单地说，礼仪就是律己、敬人的一种行为规范，是表现对他人尊重和理解的过程和手段。文明礼仪，不仅是个人素质、教养的体现，也是个人道德和社会公德的体现。作为具有五千年文明史的"礼仪之邦"的子孙，讲文明、行礼仪，恢复淳厚世风，既是我们炎黄子孙的责任，也是弘扬中国传统文化、展现民族精神的重要途径。

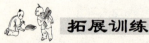 **拓展训练**

培养同理心小练习

将父母、师长经常会教导、责备的话做成签，让学生自己随机抽签，说或写感受。培养学生的是非辨别能力，提高情商。

一、请学生设想父母经常责备自己的话语，并写出来10条。

二、抽签，让学生简单写出抽中的责备话语背后可能的原因。

三、设想：为人子女应有的态度和对话。

四、鼓励认可：家长或教师在游戏之后要对孩子的良好表现进行表扬，对学生的回答分析再思考，理解孩子，利于施教。

第3课

dōng zé wēn　xià zé qìng　chén zé xǐng　hūn zé dìng
冬 则 温　夏 则 清　晨 则 省　昏 则 定

chū bì gù　fǎn bì miàn　jū yǒu cháng　yè wú biàn
出 必 告　反 必 面　居 有 常　业 无 变

冬则温　夏则清　晨则省　昏则定

解字

温：温暖。清（qìng）：动词，设法致凉。省（xǐng）：看望、问候。昏：晚上。定：问候，使安定。

释义

子女照料父母，冬天要让他们温暖，夏天要让他们清爽凉快。早上要向父母请安，晚上要替他们铺好被褥（rù），侍候父母安眠。

引申

《礼记·曲礼》云："凡为人子之礼，冬温而夏清，在丑夷不争。"大凡为人子女的规矩是：冬天要留意父母亲穿得是否温暖，居处是否暖和。夏天，要考虑父母是否感到凉爽。每晚睡前要向父母亲问安，早上起床，一定要先看望父母亲，请问身体是否安好。与平辈的人相处，不发生争斗。

清朝汪志伊《节韵幼仪》云："夏侍父母，挥扇其旁。以清炎暑，逐蝇远翔。蚊尤可恶，勤驱无伤。维枕维簟（diàn，竹席），均要清凉。冬则察衣厚薄，炉火多寡。时请增益，慎毋（wú）苟且。掩户补窗，勿使风寒侵也。……清晨先起，榻（tà，床）前问安，安则退矣。如亲已起，先揖后问。……昏时将寝，拂席整衾（qīn，被子）。如亲已寝，下帐闭户，毋触响音。"开示的也是凡为人子，冬温而夏清，晨省而昏定的本分。

对父母的孝心应该从哪里开始？就是从关怀父母的生活起居开始。"冬温夏清"的实质是提起和训练自己对父母的顾念和感恩之心，不仅仅是在寒冷的严冬和酷热的盛夏，春播、秋收这样很辛劳的季节我们也应该如此，时时刻刻都不能忘记体贴双亲。因为父母对我们的关爱是没有一刻间歇的。早上起床后向父母问好，父母看到孩子这么懂事，相信内心一天都会很欢喜；傍晚回到家里将一天的学习、工作向父母禀告，父母知道孩子今天有进步，也会很安心。

如果我们在外求学、工作，不能做到日日"晨省昏定"，也应经常打电话，询问父母身体、起居及家事，再将我们的学习、工作情况汇报给父母。父母知道我们积极向上，自然会免去诸多挂念。更重要的是要有智慧地管理好自己的生活，无论是学习生活还是工作生活。如果处理得不好，纵使每天打三个电话，父母也不会安心，还会徒增许多新烦恼！所以，我们学习《弟子规》，要抓住每一句教诲的本质，好好去落实。

导行

1. 做子女的要根据天气的变化，经常提醒父母及时增减衣服。
2. 早晨要向父母问候"早安"，晚上临睡前应问候"晚安"。
3. 自己的生活起居应自理，同时要学会帮助父母做一些力所能及的家务事。

范例——黄香扇枕温衾

"冬温夏清"蕴涵着一个动人的典故：相传东汉时期有一个叫黄香的孩子，母亲很早过世，黄香与父亲相依为命。夏季炎热，他用扇子把枕席扇凉，以便父亲安歇。冬季寒冷，他就先钻到被窝里把被褥焐热，才让父亲安睡。黄香日复一日的孝行由左邻右舍传遍全县，又由全县传遍全国。地方官被这九岁孩子的孝行所感动，而向朝廷"举孝廉"。后来黄香官至尚书令，成为以孝闻名、以孝施政的榜样。黄香的故事被历代传诵，成为著名的"二十四孝"之

一。我们从黄香的事例，不仅是学习"冬温夏清"，更要体会黄香的存心。存心是本质，"冬温夏清"是他的表现形式。时代不同，孝的形式和表达方式或许会变，但孝的本质是绝对不会改变的。

出必告　反必面　居有常　业无变

解字

告（gù）：恭敬禀告。告朔（gù shuò）：西周的一种礼制，天子于每年秋冬之交，将第二年的历书（历书是指按照一定历法排列年、月、日、节气、纪念日等供查考的书）颁给诸侯，诸侯受而藏之于祖庙，于月初祭庙接受，称"告朔"。诸侯于每月朔日（阴历初一）告祭祖庙，也称"告朔"。意为：臣对君、子孙对祖先由内而外的尊崇和恭敬。古人对故去的祖先尚且如此，我们对健在的父母更应恭敬有礼。反：通"返"，返回。面：面见父母。居：指生活起居。常：常规，固定。业：学业，事业。

释义

外出和回家都要告知父母，免得父母挂念。日常生活和起居要有规律，平时居住的地方要固定，立下的志向、选定的事业不要轻易改变。

引申

《礼记·曲礼》云："夫为人子者，出必告，反必面，所游必有常，所习必有业。"作为孩子，外出要告知父母，回家要面见父母。外出要有一定的方向或目的地，学习要有一定的科目。

"出必告，反必面"就是要让父母安心。如果我们一声不响出门，父母找不到我们就会担心。而让父母不安，身心焦虑，就是不孝。同时，夫妻之间、上下级之间，也要这样。要让对方知道我们的去处、行程，让对方安心。这样的做法才得体。"居有常，业无变"是讲我们不仅要有固定的住所，日常起居都要有规律。如果一个人生活有规律，不日夜颠倒，做事又能遵守一定的规矩，能保持恒心，使自己身心健康，那么，无论学业，还是事业，才都可能有成就。而这不也正是父母最大的期望吗？

导行

4. 外出时，要告诉父母自己去哪里，回来时，要当面告诉父母或电话告诉父母自己回来了。

5. 父母出差在外，我们要电话问候，父母回家后，要热情迎候，父母给我们带回礼物，我们要双手接取，并表达感谢。

6. 学习要有计划，要持之以恒，不要一遇到困难就退缩、放弃。

范例——李皋（gāo）孝亲

李皋，字子兰，唐朝时的皇室宗亲。李皋做衡州刺史时，政绩卓著，很受百姓爱戴，但因奸人的诬陷，却被质问审讯。在审讯期间，李皋考虑到母亲年事已高，若让她知晓此事，必定会惊忧成疾，于是告诫全家人不要走漏了消息。每次被提审，李皋一定要像往常一样向母亲辞行，等到走出家门以后，才换上囚犯的服装。审讯完回家，也一定在临进门以前，改换官服，腰间悬着鱼符，胸前揽着笏板，做出正常回家的样子向母亲问讯。审讯的结果，认定李皋有罪，他被贬到潮州做刺史。李皋不敢把实情告诉母亲，便说这次是因为朝廷重用而被调任的。后来，一个叫杨炎的人做了宰相，知道李皋是被人冤枉的，便给他平了反，并重新任命他做衡州刺史。他回到衡州后，老百姓欢声雷动，夹道欢迎。直到这时，李皋才敢跟母亲讲述实情，在母亲面前跪着叙述被诬陷贬官的经过，并恳求母亲责罚自己的隐瞒之罪。后来，唐朝天下大乱，唯有李皋掌管的衡州还民生安定。

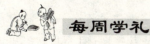 每周学礼

本期主题：鞠躬礼仪

鞠躬礼真正起源于中国，由敛身演变而来，既表示对大众的尊敬和礼貌，

也是养生妙法。鞠躬礼分两种：一种是三鞠躬礼，鞠躬前应脱帽（摘下围巾），端身正意，目光平视。另一种是一鞠躬礼，几乎适用于一切社交场合。如晚辈对长辈、学生对教师、下级对上级或同事之间以及讲演者或表演者对观众等都可以行一鞠躬礼。行礼时，下颌收回，身体上部向前倾斜约90度，随即恢复原态，只做一次，受礼者应随即还礼。但长辈对晚辈、上级对下级可不鞠躬，欠身点头即示还礼。演员对观众致鞠躬礼后，观众或听众以掌声还礼。

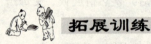

拓展训练

我爱爸爸妈妈小练习（一）

一、给爸爸妈妈鞠个躬，和爸爸妈妈分享学习《弟子规》的感受。

二、早起向爸爸妈妈问好，出入向爸爸妈妈打招呼。晚上睡觉前跟爸爸妈妈说晚安。

三、给爸爸妈妈剪指甲。

四、给爸爸妈妈洗洗脚。

第4课

shì suī xiǎo wù shàn wéi gǒu shàn wéi zǐ dào kuī
事 虽 小 勿 擅 为 苟 擅 为 子 道 亏

wù suī xiǎo wù sī cáng gǒu sī cáng qīn xīn shāng
物 虽 小 勿 私 藏 苟 私 藏 亲 心 伤

事虽小 勿擅为 苟擅为 子道亏

解字

擅：自作主张。苟：如果。子道：为人子女的本分。亏：亏损，不完美。

释义

纵然是小事也不要擅自做主，不向父母禀告。在经验不足时，任性而为，容易出错，而让父母担心，这样就有损为人子女的本分，也是不孝。

引申

身心正在成长、发育的少年，缺乏各方面的经验，凡事无论大小都要及时向父母禀告，接受父母的指导和帮助是自身成长的需要。在法律上父母是子女的第一监护人，对子女负有重大责任。如果子女任性做错事，父母不但要承担责任，身心也会遭受痛苦，这对子女来说当然是不孝的行为。

孔子在《论语》里说"非礼勿视，非礼勿听，非礼勿言，非礼勿动"。这是告诫我们要自我约束，不合乎礼法的事情不看不听，不言不行。对于孩子，有很多事情需要父母多多叮嘱。比如在安全方面，孩子过马路的时候，要提醒孩子遵守交通规则，确保安全。

"勿擅为"，让孩子做到，家长首先要做到，身教重于言教。比方说看

电视的时候，能不能把脚跷到桌上？显然不能。虽然是一件小事，但父母如果不注意自身的行为，在孩子心里可能就种下了一颗"擅为"的种子。再比方春暖花开的季节，很多人见到嫩绿的柳枝和盛开的花朵，不胜欢喜，会忍不住折一支、揪一朵。哪晓得这些花草树木经过了一个冬天的积蓄和等待，才绽放出自己生命最美的那一面，我们一个小小的动作就扼杀了它们的生命和理想，是不是有点残忍呢？所以，父母应及时告诉孩子爱惜物命的道理。

导行

1. 该做的事情再怎么小也要做，不该做的事情再怎么小也不能做。

2. 做事之前，要先征求父母的意见，不要擅自行动。

3. 我们要时时和父母交流、沟通，我们要了解父母也让父母了解我们，给予理解和帮助。

范例——刘备教子

三国时期的刘备，在临终前，将儿子刘禅（shàn）托付给丞相诸葛亮。并留信给刘禅，以示教诲。信中说："勿以恶小而为之，勿以善小而不为。惟贤惟德，能服于人。"这是告诫他：不要认为一件小的坏事就可以胡作非为，也不要认为小的好事就可以不做；只有品德高尚，才会得到大家的信服。后来，刘禅在诸葛亮的辅佐下，蜀国没有出现大的失误。诸葛亮去世后，刘禅开始宠信宦（huàn，太监）官，自我放纵，最终蜀国被曹魏所灭，刘禅也成了俘虏（lǔ）。

物虽小　勿私藏　苟私藏　亲心伤

解字

亲：父母。

释义

不是自己的东西，即使再小，也不可以私藏起来占为己有。如果私藏，就有损品德，父母知道了一定会伤心。

引申

《礼记·曲礼》云："父母存……不有私财……不敢私其财。"父母在世的时候，不私蓄财物，不偷偷占有财物。

古代的母亲都知道教诲孩子"一瓜一果之弗（fú，不）贪，一丝一毫之不苟（gǒu，马虎）"，就是说即使是一瓜一果，也不可起贪婪之心。即使是极细微的小事，也不可以马虎对待。私藏不属于自己的东西就如同小偷，被别人知道，父母也会跟着蒙羞。自己有什么东西也要让父母知道，因为父母对子女付出的是全部的爱，如果我们对父母有所隐瞒和保留，他们知道了一定会伤心难过。俗话说："小时偷针，大时偷金。"如果从小就私藏成习，长大了无论在家庭还是社会，都可能演化成种种恶习。再拓展开去，东西不能私藏，自己的缺点、过失也不能隐瞒。古人说"事无不可对人言"，即真正的君子应该坦坦荡荡，没什么事情不能对外人说的。

导行

4. 家里的钱财，不论多少，都不要私自取用；家里的物品，不论大小，未经父母允许，都不要私藏私用。

范例——陶母封鱼

陶侃（kǎn）是东晋有名的贤臣。自幼在母亲的严教下，勤奋好学，注意修身养性。陶侃长大后，担任了管理渔业的小官。有一年，他托人捎回一坛腌（yān，用盐浸渍）鱼孝敬母亲。母亲却把鱼封好后退回，并附带一封书信："你是国家的官吏（lì，官员），怎么能用公家的东西孝敬母亲呢？这是为政不廉啊！"此事虽小，却可以看出陶侃的母亲教子严格。陶侃始终不忘母亲的教

海，最终成为晋朝著名的清官。

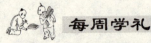 每周学礼

本期主题：坐姿礼仪

一、坐姿的重要性

坐姿不端正，时间久了，不但会产生驼背、肩膀疼痛等一系列不良后果，还会影响到我们的行仪之美，所以要重视"坐姿"。上课时，端正合宜的坐姿，不仅会让人有良好的心情，也是对其他人的尊重。对讲课的老师和身边的同学都会产生积极的示范作用，有利于形成优雅和谐的学习氛围。我们的修养也从这小小的坐姿中体现出来。

二、正确的坐姿有以下几种：

（一）上身和腿部垂直，成90度。这种坐姿容易做到，但不易长时间保持，时间久了会感到很累。

（二）上身向后微仰，成135度。据专家研究发现，这种坐姿是最有利于身体健康的一种坐姿。

（三）上身向前微倾，大概是65度。这种坐姿很适合交流时使用，不论是倾听者还是谈话者，都是专注的体现，有利于营造和谐的交流氛围。

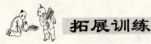 拓展训练

我爱爸爸妈妈小练习（二）

一、给爸爸妈妈捶捶背、揉揉肩。

二、为爸爸妈妈和长辈盛饭。

三、给爸爸妈妈各倒一杯水。

第 5 课

qīn suǒ hào　lì wèi jù　qīn suǒ wù　jǐn wèi qù
亲 所 好　力 为 具　亲 所 恶　谨 为 去

shēn yǒu shāng　yí qīn yōu　dé yǒu shāng　yí qīn xiū
身 有 伤　贻 亲 忧　德 有 伤　贻 亲 羞

亲所好　力为具　亲所恶　谨为去

解字

好（hào）：喜好，喜爱。力：尽心尽力。具：备办，准备。恶（wù）：讨厌，厌恶。谨：谨慎。去：排除。

释义

父母所喜欢的东西，做子女的要尽心尽力为他们准备齐全，父母所厌恶的事物，要小心谨慎地替他们排除。

引申

《内礼》云："君子事父母，亡私乐，亡私忧。父母所乐乐之，父母所忧忧之。"君子侍奉父母，没有独自快乐，没有私下的忧虑。是以父母的快乐为快乐，以父母的忧虑为忧虑。

父母喜欢的东西，做子女的要尽力为父母筹办好。父母对我们的希望，比如希望我们有好的品德、能报效国家、利益社会，我们都要尽力去达成，让父母高兴。而父母不喜欢的东西，比如我们身上的缺点，则要竭力改正。

"亲所好"，当父母所爱好的是非常有价值的人生，我们也要立志往这个方向走。我们一生都追求富贵，什么是真正的富贵呢？知足为富，人敬则贵。

当父母建立了这样的认知，就能给孩子以正确导引。对父母的"好"也不能盲从，要辨别对错。假如父母是好名、好利、好赌博，那么子女就不应盲目随顺，而要对父母"谏使更"，以免父母错误的思想、行为导致一错再错，最后伤害自己、伤害家庭。

"力为具"是说做子女的要对父母、对家庭亲力亲为，尽心尽力。《朱子治家格言》第一句话提到"黎明即起，洒扫庭除，要内外整洁；既昏便息，关锁门户，必亲自检点"。就是说从前很多家务活儿都是儿女来主动担当，当孩子懂得分担家务，他才能够体会到父母的辛劳！所谓"习劳知感恩"。

导行

1. 我们要了解、尊重父母的爱好和习惯，我们要尽力为他们提供方便，而不是过分强调自己的兴趣爱好。

2. 我们过生日时，要有感恩父母的心；父母过生日时，我们应该用适当的方式表示祝福。

3. 进入父母房间，应先敲门经允许后再进入；不私自翻阅父母的东西；不打扰父母的谈话交流。

范例—— 蔡顺拾葚（shèn，桑树的果实）

"二十四孝"里有个蔡顺，汉代汝南（今属河南）人，少年丧父，与母亲相依为命。当时正值王莽（mǎng）之乱，又遇饥荒，生活非常艰难，蔡顺就拾桑葚给母亲和自己充饥。一天，巧遇赤眉军，士兵见蔡顺把青红色的桑葚和黑紫色的桑葚分开装在两个篓子里，就问他原因。蔡顺回答说："黑紫色的桑葚是成熟的，味道甜，母亲喜欢吃，带回家给母亲吃；青红色的发酸，留着自己吃。母亲年纪大了，眼睛不好使，分开来母亲方便食用。"赤眉军怜悯（mǐn，同情）他的孝心，没有伤害他，并且把抢来的米谷、牛羊送给他。蔡顺明辨是非，婉言拒绝了不义的东西。那些赤眉军看到蔡顺如此孝顺，也都思念家乡父母，就不想再四处征战，有不少人洗去眉间的红颜色，也回家侍养双亲了。

身有伤　贻亲忧　德有伤　贻亲羞

解字

贻（yí）：遗留，留下。忧：担心。羞：羞辱。

释义

如果我们身体不适或受到损伤，就会让父母为我们担忧，所以要爱护自己的身体；如果做了有损德行的事，就会让父母感到羞耻，所以要品行端正。

引申

《孝经》云："身体发肤，受之父母，不敢毁伤，孝之始也。"孝顺的起点，就是要保护好自己的身体。如果我们经常打架、抽烟、喝酒，让身体出了状况，一方面自己花钱受罪，另一方面影响工作，父母知道了也会很忧心。如果总让父母担心，那就是不孝了。所以，养成良好的生活习惯很重要。比如，熬夜就是很不好的习惯。肝和胆具有解毒功能，据中医讲，胆的气血运行时间是夜里 11 点至次日凌晨 1 点，肝脏是在凌晨 1 点至 3 点。夜间是人体机能恢复的最佳时间，只有充足的睡眠才能确保身体的健康。

但如果只是身体好，德行却很差，也不行。如果我们做了有损道德的事，让父母如何在亲友、乡亲面前抬得起头呢？让父母遭受这种境遇，那是更大的不孝！故《孝经》又云："立身行道，扬名于后世，以显父母，孝之终也。"做儿女的要通过自己的道德才学，济世利民，这样才能显耀父母，光大门庭！

导行

4. 我们应该增强自我保护意识，学会自我保护技能，注意自己的安全，出行注意遵守交通规则，不在路边街头打闹玩耍；防触电、防溺水，不玩火，不做有危险的游戏。

5. 自己注意不说谎话、脏话，不贪图他人的小便宜。

范例——一位父亲30公里的反省路

一位18岁的孩子和父亲开车去郊游，到了一个风景区，儿子要给车子加油，父子俩约好下午四点在风景区碰面。儿子加完油看时间还早，就去附近看了场电影。看完电影回来，时间已经晚了，孩子就跟父亲说："车子坏了去修理，所以回来晚了。"父亲说："你不应该骗爸爸，我已经给加油站打过电话，说车子整个下午都没有离开加油站。"儿子听了很惭愧，对父亲说："爸爸，您不要生气！"爸爸说："我很难过！我养育18年的儿子居然来骗我，这说明我对你的教育很失败。我要好好地检讨这么多年来对你的教育，今天我要走回去。"父亲边走边反省。儿子开车尾随其后，惭愧和自责无以复加。风景区离他们家大约30公里，当走回家时，已几近半夜。父亲的行为对儿子是一次巨大的震撼，也是最成功的一次教诲。

 ## 每周学礼

本期主题：站姿礼仪

在人际交往中，正确健美的站姿会给人以挺拔笔直、舒展大方、精力充沛、积极向上的印象。站姿的特点是：端正、挺拔、舒展、俊美。

站姿的基本要领是：两脚跟相靠，脚尖分开45度到60度，身体重心放在两脚上。两腿并拢立直，腰背挺直，挺胸收腹。抬头，脖颈挺直，双目向前平视，嘴唇微闭，面带微笑，微收下颌。站姿可以随着场合进行调整。同别人站着交谈时，如果空着手，可双手在体前交叉，右手放在左手上。向长辈、朋友、同事问候或作介绍时，不论握手或鞠躬，双足应当并立，相距10厘米左右，膝盖要挺直。等车或等人时，两足的位置可一前一后，保持45度角，肌肉放松而自然，并保持身体的挺直。总之，站的姿势应该是自然、轻松、优美的，不论站立时摆何种姿势，只有脚的姿势及角度和手的位置在变，而身体始终要保持挺直。

 **拓展训练**

自我保护意识小练习

一、认识危险训练

（一）随时灌输自我保护安全意识。

（二）采用积极的方式让学生接触日用品，正确指导。例如：让学生接触剪子、菜刀、家电等并指导使用，而不是消极地藏起来。

二、启发安全自卫训练并讲授应对方法

（一）模拟过马路练习。

（二）模拟火灾练习。

（三）模拟地震练习。

（四）模拟遭遇骗钱小贩练习（由老师或家长扮演小贩）。

第6课

qīn ài wǒ xiào hén nán qīn zēng wǒ xiào fāng xián
亲 爱 我 孝 何 难 亲 憎 我 孝 方 贤

qīn yǒu guò jiàn shǐ gēng yí wú sè róu wú shēng
亲 有 过 谏 使 更 怡 吾 色 柔 吾 声

jiàn bú rù yuè fù jiàn háo qì suí tà wú yuàn
谏 不 入 悦 复 谏 号 泣 随 挞 无 怨

亲爱我 孝何难 亲憎我 孝方贤

解字

憎：厌恶，不喜欢。方：才。贤：有德行，也有圆满的意思。

释义

如果父母非常疼爱和关心我们，我们孝敬父母便是一件容易的事情。如果父母不喜欢我们，或者对我们管教过于严厉，我们一样孝顺，反省检点自己，体会父母的心意，努力改过，做得更好，这样的孝，才难能可贵。

引申

《孟子·万章上》云："父母爱之，喜而不忘，父母恶之，劳而不怨。"父母要是喜欢自己，自己心里虽然高兴，但却不敢对做子女的职责有所遗忘懈怠；父母要是不喜欢自己，自己心里尽管不免忧愁，但却不敢埋怨父母。

人与人相处，要记住一个原则：不管别人对不对，自己一定要做对。父母、同学、同事，或者邻里亲友，乃至陌（mò）生人，纵使他们用不好的言语、态度对待我们，我们依然要用正确的态度去面对他们，这才是理智的态度。

导行

1. 父母夸耀不自满，父母责备不气馁，更不向父母发脾气顶撞。

范例—— 薛包尽孝

东汉安帝时，汝南人薛包，为人敦厚，对父母非常孝顺。不幸母亲早逝，父亲再娶后妻。后母偏心，不愿与薛包同住，要他搬迁出去。薛包伤心痛哭，不忍离去，以至遭父母杖打。薛包不得已，只好顺从父母心意，在屋外搭茅棚独居，每天早晨照常入内给父母打扫房间。父亲余怒未消，又驱逐他，于是薛包就到闾（lǘ，里巷的大门）里的门边（古代同里的家人聚居一处，设有里门）另搭茅棚居住，心中毫无嫌怨。每天早晨仍然回家请安，倍加谨慎，委婉事奉，从不间断。

过了一年多，父母惭愧，终于回心转意，让他回屋，全家共享天伦之乐。

父母去世以后，薛包的弟弟要求分家，薛包劝止不了，便将家产平分，年老的奴婢都归自己，说："年老奴婢和我共事多年，你不会使唤。"荒芜的田园都分给自己，说："这是我少年时代经营的，心中系念。"破旧的家具都分给自己，说："这些我平时用惯了。"

兄弟分居以后，弟弟不善经营，生活又奢侈浪费，数次将财产耗尽。薛包关切开导，屡次救济他。

因为高尚的德行，薛包被举荐为侍中，成为皇帝的亲信。

亲有过　谏使更　怡吾色　柔吾声

解字

过：过失，错误。谏：劝说，古代把劝说君王或尊长改正错误叫做"谏"。更：改正，改变。怡：和悦。柔：柔顺。

释义

父母如有过错时，应耐心劝导其改正。劝导时态度一定要诚恳，声音必须柔和，并且和颜悦色。

引申

《内礼》云："善则从之，不善则止之。"父母优良的品德，我们要顺从继承和发扬，父母的过失要规劝使之改正。

这个"亲"我们也可以把它延伸开来，就是我们所有的亲人、朋友有过失，我们都有责任去规劝。怎么规劝呢？第一，要有有益于对方的存心，不要让对方认为我们是在挑毛病；第二，要注意时机。俗话说："扬善于公堂，规过于私室。"说人好话的时候可以当众讲，因为可以让其他人见善思齐。劝人改过则要在私下，这样，不会暴露对方的缺点或过失，对方接受我们的劝勉也变得容易；第三，要注意态度和方法；第四，要有耐心。旧习气不是一朝一夕就能改正的，所以，规劝别人不要急于求成，要善加诱导，循序渐进。

导行

2. 当父母有过错时，我们应努力劝其改正，但要讲究方式方法，声音要柔和，说话要和颜悦色。

范例——兰姐善谏

明朝有一个童养媳，名叫兰姐，十二岁的时候，看见婆婆骂太婆是老不死的讨厌东西，兰姐就在那一天深夜的时候，流着眼泪跪在婆婆的面前说："婆婆和太婆相骂，是给后人一个不好的榜样。假使将来婆婆年老的时候，也有人把婆婆当讨厌的东西看，那婆婆的感觉如何？每个人都有年老的时候，寿长寿短是有天命的，媳妇但愿婆婆像太婆一样长寿才好。"婆婆听了她这一番话后，非常感动，也醒悟过来，开始孝顺自己的婆婆。后来，兰姐生了五个儿子，有两个儿子中了进士。正所谓"积善之家，必有余庆"。

谏不入 悦复谏 号泣随 挞无怨

解字

入：接受。悦：高兴，愉悦。复：再，继续，表有耐性。号：大声哭。挞：鞭打。

释义

如果父母不肯接受规劝，要耐心等待，等父母心情好的时候再劝导。如果父母还是不听，甚至生气，我们要哭泣恳求父母改过，即使因此遭到鞭打，也毫无怨言。

引申

《论语·里仁》云："子曰：'事父母几（jī，轻微地、委婉地）谏，见志不从，有敬不违，劳而不怨。'"孔子说："侍奉父母，（如果父母有不对的地方）要委婉地劝说他们。（自己的意见表达了）见父母心里不愿听从，还是要对他们恭恭敬敬，并不违抗，替他们操劳而不怨恨。"

《礼记·内则》云："父母有过，下气怡色，柔声以谏。谏若不入，起敬起孝，说则复谏；不说，与其得罪于乡党州间，宁孰谏。父母怒，不说而挞之流血，不敢疾怨，起敬起孝。"父母有过错，要低声而面色和悦地进行劝谏。劝谏不听，要更加恭敬，更加孝顺，等到父母心情愉快时再进行劝谏；父母不高兴，与其让父母得罪地方上的人，宁可犯颜殷勤劝谏。父母大怒不高兴，鞭打自己，以致流血，也不敢怨恨父母，要对父母更加恭敬、更加孝顺。而清朝罗泽南《小学韵语》也教导我们："父母有过，人子几谏，谏若不入，孝敬无间。待其既悦，复谏不违，三谏不听，号泣以随。"

关于"挞无怨"，孔夫子对弟子曾参有过教诲："小杖则受，大杖则走。"就是说父母如果是小打，可以忍受；如果大打，就可以逃走。为什么呢？万一父母在气头上，手下不知轻重，打伤我们，会导致父母背负"凶残"之类的

恶名。这是陷父母于大不义，也是不孝的行为。所以，我们不要拘泥于文字，要通权达变，领会用意。

导行

3. 当父母不听我们的劝导，甚至斥责我们时，我们不要放弃，仍然要继续耐心规劝。如果父母要动手杖打，应暂时避开，等他们气消了再劝解。

4. 如果遇到家庭暴力、赌博、吸毒等违法行为，要及时向老师、公安及法律部门寻求帮助。

范例——哭谏追师

隋唐之际，李渊率军东征西讨，儿子李世民是他手下最重要的将领和最重要的助手。根据《资治通鉴》的记载，当时李渊担任太原留守，他起兵的第一仗是从太原开始的，碰到的第一个劲敌就是一个叫宋老生的人。在这一仗刚要打的时候，下起了连绵阴雨，一时间道路泥泞，军粮匮乏。这时候，又传来一个消息，说李渊的另一个对头刘武周居然和北方突厥联手，准备抄李渊的后路。那么，这个仗现在怎么打？前面有劲敌，后面有追兵，李渊和很多人决定退回太原，这仗不打了。但李世民认为刘武周要抄后路的消息是讹传。应该坚定军心，攻灭对面这个宋老生。李渊不听，断然拒绝了李世民的劝谏。李世民劝谏了几次，李渊都不听。怎么办？撤军令马上就要下达了。情急之下，李世民到了李渊住的帐篷门口，但是，守卫的亲兵不让李世民进去，李世民就在帐篷外面号啕大哭，哭声震天。这一下，把李渊给哭醒了。李世民通过最后一次努力，让李渊接受了自己的建议坚持打下去。这一仗在某种意义上讲，是影响中国历史进程的。如果没有这一仗，后面有没有唐朝都难说。

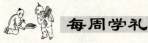

每周学礼

本期主题：居家礼仪（一）

一、为人子女不晚起，衣被自己整理，早上向父母请安，晚上侍奉父母安寝。

二、为人子女、行坐礼让长辈，行不中道，坐不中席。

三、为人子女出必告，返必面。

四、长者与物，须两手承接。

五、晚辈行走在长辈后面，如需为长辈挑帘、开门、引路、服侍，可前行。

六、长者立，不可坐。长者来，必起立。

拓展训练

交流的方法训练

和你的同学进行一次交谈和分享，可以讲故事，可以分享你想说的话。并根据下表记录你的同伴的反应，然后一起分析改进方法。

个人肢体言语反应习惯检核表

有帮助的动作	个人反应习惯	没有帮助的动作	个人反应习惯
用相近的声调说话 保持善意的目光接触 不时点头 表情生动 时有微笑 不时做出辅助手势 适中的语速 身体稍微向被帮助者前倾 偶尔轻轻抚摸被帮助者（合宜合体） 常有"唔唔""嗯嗯"等支持语气词		不看被帮助者 远离或不面对被帮助者 嘲讽或轻蔑的表情 皱眉，闭眼 阴沉着脸 嘴长时间紧闭 手指对方，指指戳戳 心不在焉的姿态 打哈欠 令人不快的声调 语速过快或过慢	

《弟子规》践行教材

第7课

| qīn | yǒu | jí | yào | xiān | cháng | zhòu | yè | shì | bù | lí | chuáng |

亲 有 疾　药 先 尝　昼 夜 侍　不 离 床

sāng sān nián　cháng bēi yè　jū chù biàn　jiǔ ròu jué

丧 三 年　常 悲 咽　居 处 变　酒 肉 绝

sāng jìn lǐ　jì jìn chéng　shì sǐ zhě　rú shì shēng

丧 尽 礼　祭 尽 诚　事 死 者　如 事 生

亲有疾　药先尝　昼夜侍　不离床

解字

昼：白天。侍：服侍，照顾。

释义

父母亲生病时，子女应尽心尽力地照顾，父母吃汤药前，自己要先尝药冷烫，尽力适合父母。一旦父母病情加重，更要昼夜服侍，不可随便离开或走远。

引申

《论语·为政》云："孟武伯问孝。子曰：'父母唯其疾之忧。'"孟武伯向孔子请教孝道。孔子说："对父母，要特别为他们的疾病担忧。（这样做就可以算是尽孝了）"

《礼记·曲礼》云："亲有疾饮药，子先尝之。"父母有疾病需要服药，为子女的要先尝。

《礼记·曲礼》云："父母有疾，冠者不栉，行不翔，言不惰，琴瑟不御。食肉不至变味，饮酒不至变貌，笑不至矧（shěn），怒不至詈（lì）。疾止复故。"即父母患病的时候，子女从穿戴、言行举止，到饮食娱乐都要有所节制。

父母生病时，我们要尽量亲自动手，备药、端水，照顾父母按时吃药，尤其注意不要让父母服错药。如果是汤药，煎好后要先尝试温度、口味等是否适合。我们亲自动手，父母看在眼里，内心会很欣慰，病情也会减轻。现代研究表明，人的意识会对水产生作用，当施加一些善意的讯息时，水分子的结晶就会变得很好看。所以当我们充满孝心地去为父母煎药、端水时，这些药都已经受了我们孝心的滋养，会变得更有力量，让父母的病好得更快！所以在这里，孝心是关键。

导行

1. 父母生病时，要为父母准备好温度合适的水，同时提醒父母按时按量来服药。

2. 自己要多学中医及护理知识技能，父母卧病在床时，要多陪父母，细心照料父母。

3. 亲朋、好友、师长患病时，应以合适的方式表示慰问。

范例——汉文帝亲尝汤药

汉文帝刘恒，是汉高祖刘邦的第四个儿子。自幼便奉行孝道。他被封为代王时，生母薄太后随他住在一起。汉文帝对母亲很孝顺，朝夕奉养，从来没有懈怠过。薄太后身体虚弱，曾经生病卧床三年。三年里，汉文帝每日勤理朝政，下朝后便衣不解带地陪伴在薄太后病床前，殷勤周到，无微不至。给母亲服用的汤药，文帝必定要亲口尝过，才放心地捧给母亲服用。孝心感通，三年后母亲终于康复，而汉文帝却由于操劳过度而病倒。汉文帝贵为天下之尊，虽然奴婢成群，依然亲自侍候母亲，以仁、孝教化天下。所以，在汉朝出现了郭巨、江革、蔡顺、黄香、姜诗、董永、丁兰等孝子，他们的孝行故事流芳千古。

丧三年　常悲咽　居处变　酒肉绝

解字

悲咽：悲伤哭泣。绝：戒除。

释义

父母去世后，守孝期间（古礼三年），要常常追思、感怀父母教养的恩德，自己的生活起居应简朴，并戒酒肉及娱乐活动。

引申

《礼记·三年问》云："孔子曰：'子生三年，然后免于父母之怀。夫三年之丧，天下之达丧也。'"孩子生下来三年之久，才离开父母的怀抱，可以独立行走和进食，让父母稍稍松一口气。为人子女的，我们在父母去世后，为什么就不能在三年的丧期中时时刻刻想念父母，爱念父母呢？每年清明、冬至，许多人都会去给过世的父母上坟，祭拜父母。其实这是一种很好的教育方式。这是在提醒自己忆念父母的恩德，同时教育子女懂得追溯（sù，追求根源）和祭祀祖先，不要忘记自己的生命之源。

导行

4. 每年清明节、长辈的忌日等，要同家人共同祭奠。

范例——子羔孝亲

孔子的弟子高柴，字子羔，很有政治才能，20 岁就被派去当"费宰（费，即费邑，今山东费县西北。宰，为古代官名）"。子羔见到孔子，从来没有越礼的行为。他为人仁慈，不践踏别人的影子，不杀春天刚复苏的小虫，不折正在生长的枝芽。父母亡故后，他为父母守丧三年，从未露出牙齿笑过。他担任"成邑宰（成邑，在今山东泰安市东南）"期间，以尊孔孝亲著称。成邑有一平民的哥哥死了，拟不按礼穿丧服，听说他担任了成邑宰，便穿丧服，按礼办事。他任卫国狱吏时，不徇私舞弊，按法规办事，为官清廉，执法公平，有仁爱心，受到孔子的称赞和民众的褒扬。孔子说："柴于亲丧，则难能也，启蛰不杀，则顺人道，方长不折，则恕仁也。"

丧尽礼 祭尽诚 事死者 如事生

解字

丧：丧事。礼：礼仪，礼法。祭：祭祀，祭拜。尽：用心用力完成。事：对待，服侍。

释义

办理父母丧事要合乎礼法，不可草率马虎，也不可铺张浪费，尊重老人的临终遗言，合理合法进行。祭祀时要诚心诚意，对已去世的人，要如同在世一样恭敬。

引申

《礼记·祭统》云："祭者，所以追养继孝也。孝者，畜（xù，顺从）也。顺于道不逆于伦，是之谓畜。是故，孝子之事亲也，有三道焉：生则养，没则丧，丧毕则祭。养则观其顺也，丧则观其哀也，祭则观其敬而时也。尽此三道者，孝子之行也。"《论语·八佾（yì）》云："祭如在，祭神如神在。"父母离世，丧葬事宜未必要极尽奢华，而子女恭敬至诚之心尤为重要。不可因为父母不在而有所怠慢。古人在父母离世前后，一般会按照佛法礼节，祈请一些僧人或居士为父母诵经回向，使父母能永脱轮回苦海，这是大孝。为人子女，如果能在父母在世时以各种孝行承事，父母去世时以佛法来利益，这才算得上是善始善终、圆满无缺的孝。

导行

5. 积极参加学校或社区组织的清明节扫墓活动，纪念为国为民的先辈。

6. 我们要学习、铭记我们国家革命的历史，我们要经常缅怀和学习革命烈士的英雄事迹。

范例——爱母如生

有一位四年级的学生，他的外婆去世了，全家人都很悲伤。在外婆的骨灰送往墓地的路上，司机加快了车的速度，这时他的舅舅马上提醒司机说："麻烦您不要开得这么快，我的母亲不习惯坐快车，坐快车她会不舒服的。"舅舅的话给这位同学留下了难忘的印象，舅舅对外婆的关心仿佛外婆在世一样。

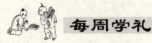

本期主题：居家礼仪（二）

一、不在长者座前踱来踱去。

二、不在中门前站立，过门不踩践门槛。

三、站立不跛倚，坐不展脚如簸箕，睡眠最好右卧如弓。

四、同桌吃饭，不另备美食独享。

五、不挑剔食物的好坏。

六、吃饭时不叹气，不训斥子弟。

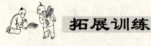

采访我的家人

一、让学生作为小记者采访家人，了解家人的身体状况。

二、帮五年级以上学生认识几种常用药品，例如，胃药、感冒药等。

三、让孩子自己写"家庭成员健康报道"，并提出相应举措。

第三章

出则弟

释题

　　"出则弟"这部分内容讲的是怎样以手足之情对待兄弟姐妹，以及怎样以尊老之礼对待长辈。首先，兄弟姐妹之间要有爱心，这是血浓于水的亲情；其次，"悌"是讲敬爱之礼的，将这种"礼"推而广之，在对待父母以外的长辈时，也应以这种敬爱之心去对待，做到长幼有序。常言道："爱人者人恒爱之，敬人者人恒敬之，助人者人恒助之。"

第8课

xiōng	dào	yǒu	dì	dào	gōng	xiōng	dì	mù	xiào	zài	zhōng
兄	道	友	弟	道	恭	兄	弟	睦	孝	在	中

cái	wù	qīng	yuàn	hé	shēng	yán	yǔ	rěn	fèn	zì	mǐn
财	物	轻	怨	何	生	言	语	忍	忿	自	泯

huò	yǐn	shí	huò	zuò	zǒu	zhǎng	zhě	xiān	yòu	zhě	hòu
或	饮	食	或	坐	走	长	者	先	幼	者	后

兄道友　弟道恭　兄弟睦　孝在中

解字

道：遵循的道义、礼仪。兄道：为兄之道，即哥哥姐姐对待弟弟妹妹应遵循的道理。友：就是亲爱、友好。弟道：为弟之道，即做弟弟妹妹的对待哥哥姐姐应遵循的道理。恭：恭敬、尊重。睦：和睦。中：范围内。

释义

当兄姐的要能友爱弟妹，做弟妹的应做到恭敬兄姐，彼此互相尊重，这样就能和睦而减少冲突，父母看到兄弟姐妹之间和爱恭让，内心就会很欢喜。所以在这兄友弟恭当中，也就包含了对父母的一颗孝心。

引申

韦昭《国语》注："五教，谓父义，母慈，兄友，弟恭，子孝。"《孟子·尽心上》云："孩提之童，无不知爱其亲者；及其长也，无不知敬其兄也。亲亲，仁也；敬长，义也。"圣人教导我们遵守五种原则，那就是父义，母慈，兄友，弟恭，子孝。孟子说，幼年的孩子，没有不知道爱他的父母双亲的，等

到长大了，也都会敬爱他的兄长。亲爱自己的父母，就是仁的表现；敬爱自己的兄长，是义的表现。

现在独生子女多，我们可以把社会上比我们年长的同辈都视作"兄"，把比我们年幼的同辈视作"弟"，对他们都要有恭敬友爱的态度。一个家庭中，如果兄弟和睦，那父母就会很欣慰，那就是我们在对父母尽孝，反之就是不孝了。同样，同学之间能够团结友爱，老师就会很安心，就能有更多的时间去考虑教学，使我们得到更好的教育。

导行

1. 兄弟姐妹之间要谦和忍让，相互关爱，和睦相处，不计较得失。

范例——推位让国

周文王的父亲是王季，王季有两位兄长，一位是泰伯，一位是仲雍。他们三兄弟都是太王所生，太王是周文王的爷爷。当他看到周文王出生的时候，非常欢喜，觉得这个孙子是圣主之相。而文王的大伯、二伯（就是泰伯跟仲雍）看到父亲如此疼爱孙子，两个人就相约，以父亲生病的名义上山采药。这样一上山，就再也没有回来，把天下让给了他的弟弟王季，进而传位给周文王。而泰伯和仲雍这种做法是尽到了孝心，因为他要让父亲放心做事，不希望父亲因为他们两兄弟而有所顾忌，而没有传位给他的弟弟王季。

所以，这一让成全了父亲的心意；这一让，也成全了兄弟的情义。连天下都可以让，还有什么事可以令兄弟不和？所以，让出了孝，让出了悌，还让出了忠，忠于天下百姓。因为让出了王位，可以让周文王领导全国人民，所以是尽孝、尽悌、又尽忠。上行下效，周朝人民就以这些圣贤人为榜样，所以朝代绵延八百多年。在周朝，因为人人都懂得礼让，所以成就了国家非常良好的风气，国运强盛久久不衰。

财物轻　怨何生　言语忍　忿自泯

解字

轻：看轻，看淡。忍：忍让。忿：同"愤"，怒，怨恨。泯：灭，尽。

释义

如果彼此都把财物看得轻一些，不贪婪，兄弟之间就不会有怨仇。如果说话时都能够柔和忍让，多替对方着想，愤恨就会自然消除。

引申

《论语·卫灵公》云："子曰：'巧言乱德，小不忍则乱大谋。'"《论语·述而》云："子曰：'饭疏食，饮水，曲肱（gōng，胳膊）而枕之，乐亦在其中。不义而富且贵，于我如浮云。'"孔子不但推崇忍让的美德，还教导人们减轻对物欲的追求，这样才能减轻心灵的负担。

家庭兄弟姐妹、团体成员之间，互相不和的两个重要原因，一个原因是只看到对自己的好处，而忽略亲情道义，也就是所谓的"见利忘义"；另一个原因就是交往时说话不为别人着想，有意无意地出口伤人。这样一来互相之间就会产生误会，进而盲目地彼此愤恨。殊不知用柔和、谦恭的态度待人处世，往往更能让人心悦诚服。

现代人遇事不能忍耐，对自己的父母都做不到孝顺和理解，婆媳之间更是矛盾丛生。为什么会有矛盾？就是长辈和晚辈都不学古圣先贤的教诲，只知要求对方，不知尽己本分。

导行

2. 同学朋友之间要互相关心互相帮助，不欺弱小，不讥笑、戏弄他人，不给别人起侮辱性绰号，不歧视有残疾的同学。

3. 同学间如果发生矛盾，要理解、宽容别人，用平和的方式解决问题。

范例——千人之家

唐朝有位叫张公义的人，一大家族，五代同堂共住，据说最多时有一千多人。但是家里没有矛盾，其乐融融。为什么呢？因为这个家庭从上至下都学圣贤之道，父慈子孝、兄友弟恭、重义轻利、言语安忍。张公义居室号为"百忍堂"。唐初，唐太宗李世民诏全国治国安邦之策不久，唐太宗接下臣奏报河南人氏张公义以百忍治家、五世同堂、公平相待的典范，便赐封为百忍堂号。

或饮食 或坐走 长者先 幼者后

解字

或：连词。

释义

无论用餐、就座或行走，都应该谦逊礼让，长辈优先，晚辈其后。

引申

《礼记·曲礼》云："见父之执，不谓之进不敢进，不谓之退不敢退，不问不敢对，此孝子之行也。"见父母辈的志同道合的好朋友，不教你进不随便进，不叫你退不随便退。没有问到你，不能随便插嘴答问。

《礼记·曲礼》又云："侍饮于长者，酒进则起，拜受于尊所。长者辞，少者反席而饮邻。长者举未釂（jiào，饮酒干杯），少者不敢饮。长者赐，少者、贱者不敢辞。"晚辈陪侍长者饮酒，长者递酒给晚辈，晚辈要站起来，到陈放酒器的地方向长者行拜礼然后接受酒。长者对晚辈向自己行拜礼表示推辞，然后晚辈返回到席上饮酒。但如果长者没有把杯中酒饮尽，晚辈则不敢饮酒。长辈赐给晚辈或下人食物，晚辈或下人不敢推辞。

《弟子规》教导我们要从小培养孩子谦恭礼让的美德，可是我们不少长辈在对待孩子饮食起居和说话做事中无礼或失礼的行为，视若无睹，错误地认为等孩子长大自然就好了。甚至对孩子宠爱有加，把好吃好用的先给小孩享用，导致孩子不明白晚辈要礼让长辈的道理，误导孩子养成了坏习惯。坏习惯一旦养成，要想再纠正过来就会非常困难。自己的无心之过会给孩子的德行带来一生的危害，这应引起父母和长辈的反省和警觉。

要知道有一天我们也会衰老。如果我们从此时此刻开始，从自己开始做敬老尊贤的表率，让孩子们在耳濡目染、潜移默化中受教，等到我们年老的时候，下一代自然也会尊敬我们。所以从小要告诫晚辈：无论是对自己的亲人，还是将来在外与人相处，都要做到礼让、尊重。懂得恭敬长辈和大众，自己的德行就得到长养，所言所行就会受到大众的尊重和效法。

导行

4. 日常生活中，无论就座、吃饭、还是走路，应该长者先，幼者后。

5. 乘扶梯时，靠右侧站立，让出左侧通道，有需要帮助的老人，应及时帮助。有急事走急行通道时，要讲礼貌并注意安全。

6. 乘坐公共交通工具时，要遵守乘车秩序，举止文明。主动刷卡或购票，自觉排队，不喧哗，不拥挤，主动给老、幼、病、残、孕让座，不争抢座位。

范例——陈昉（fǎng）百犬

宋朝有一个叫陈昉的人，家里有一百多条狗。他们家是一个备受瞩目的大家族，据说十三代人居住在一起。他们的祖先陈崇，是一个德高望重的人，他为家族制订了严格的家规，其中最主要的就是"孝、悌"，他要求家族子孙都要履行，希望子子孙孙恪守不疑，代代相传。只有这样，陈氏家族才能延绵不绝。果然，陈氏家族枝繁叶茂，每代都出贤人，家族上下一片吉祥、安宁、和顺。陈昉这个大家族村落中间有一个大厅，整个家族700多人同时在这里吃早饭、午饭、晚饭。每到吃饭的时候，大家就换上比较得体的衣服，扶老携（xié，带）幼来到这个厅堂，互相问长问短，嘘寒问暖，按照年龄、尊卑、

辈分，次第而坐。家族有个族规，只要有一个人没有到场，所有人都不能吃饭，当然，陈家的人没有不守时的，因为，一个人不来，那么多长辈都不能吃饭。这就是一个家规，七百多人形成一种家族凝聚力。

那么，跟狗有什么关系呢？七百多人的大家族，养了一百多条狗。我们都说狗学主人样，什么样的人养什么样的狗。陈家这一百多条狗，非常有意思，性格非常温顺，这些狗不大叫的，和路上的野狗不太一样。更妙的是，根据史料记载，这一百多条狗也是一起吃饭的。陈家的食堂外面有一个很长的槽，就像喂马的食槽，一百多条狗都在那里吃饭。每到吃饭的时候，这些狗也都拖家带口地来，狗爷爷带着狗爸爸，狗爸爸带着狗孙子，排着队找到自己这一段槽。吃完东西以后，它们也非常有规矩，辈分高的狗先走，辈分小的狗就在那玩。而每次吃饭前，有几条很有威严的老狗蹲在槽口，清点狗数。有一次，几条老狗发现缺一条狗，所有的狗就趴在槽边不吃饭，等着这条狗。为什么这条狗没有来？原来，它在家里洗澡，洗澡不是耽误时间了吗？这条狗赶紧跑过来，居然还十分抱歉地和大家摇尾巴，低头跟别的狗打招呼。可见，这个家族居然以家族的友爱影响了家族所豢养的狗，这个故事就叫陈昉百犬，成为传统中国家族友爱，履行孝道、悌道的一个典范，名垂千古。

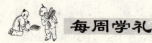

每周学礼

本期主题：礼貌用语

有句话说得好："礼貌用语用得好，温文尔雅人称道。"我国人民在长期的相互交往中，形成了许多文明优雅的礼貌用语，有些至今沿用。

例如，初次见面说"久仰"，很长时间不见说"久违"，请人批评说"指教"，求人原谅说"包涵"，央人帮忙说"劳驾"，求人方便说"借光"，麻烦别人说"打扰"，向人祝贺说"恭喜"，求人解答说"请问"，请人指点用"赐教"，托人办事用"拜托"，赞人见解用"高见"，看望别人用"拜访"，宾客来到用"光临"，陪伴朋友用"奉陪"，中途先走用"失陪"，等待客人用"恭候"，请人勿送用"留步"，对方来信叫"惠书"，等等。

拓展训练

忍耐的培养和练习

所谓"小不忍则乱大谋"，适度忍耐是为了达成更高的目标。和谐的实质不是牺牲某部分的利益，而是共同的利益和公正、平等。我们在平心静气的情况下，努力实现理性的平等和公正，追求真正的社会和谐。这样的忍耐是真正的美德。

具体练习有：

一、晨起跑步。定个时间，每天慢跑二十分钟。

二、书法练习。购买字帖，每天练习二十分钟。

三、静坐。在安静的房间里，坐在椅子上或盘腿坐在床上，端坐放松。从头开始，想象每一块肌肉、每一根骨头都放松。澄清心念，把注意力放在呼吸上。呼气时心里数数，呼气数一，再呼数二，数到十，再从头开始数。每天这样静坐二十分钟，慢慢地，定力会自然增长，注意力会自然加强，性格自然稳健。

第 9 课

zhǎng hū rén	jí dài jiào	rén bú zài	jǐ jí dào
长 呼 人	即 代 叫	人 不 在	己 即 到

chēng zūn zhǎng	wù hū míng	duì zūn zhǎng	wù xiàn néng
称 尊 长	勿 呼 名	对 尊 长	勿 见 能

lù yù zhǎng	jí qū yī	zhǎng wú yán	tuì gōng lì
路 遇 长	疾 趋 揖	长 无 言	退 恭 立

qí xià mǎ	chéng xià jū	guò yóu dài	bǎi bù yú
骑 下 马	乘 下 车	过 犹 待	百 步 余

长呼人　即代叫　人不在　己即到

解字

呼：召唤。即：很快、立即。

释义

听到长者呼唤别人时，应立即替他去叫。如果被叫的人不在，自己应马上到长者那里，询问是否需要帮忙。

引申

年长者行动大多都不再像年轻人一样灵便，走太多的路、说太多的话都会很辛苦。假如我们生活中能够善于体谅尊长之不易，念念能起照顾、分担的恭顺之心，不仅会博得尊长的欢喜，潜移默化中也能修养自己的身心。

导行

1. 师长有事需要某人帮助时，我们要及时帮助师长寻找此人，或提供自

48

己解决问题的思路。

范例——儿子你真棒

有一位母亲，平时很注意在自己六岁的孩子面前以身作则，每次来客人都热情招待，倒茶，切一盘水果，还告诉孩子客人来时要将拖鞋顺着客人的方向放。一天，母亲外出不在家，家里的门铃响了，原来是妈妈的同事张阿姨送书来。孩子把门打开后，把拖鞋放好，将阿姨迎进了屋内，并且热情地接待了这位阿姨，给阿姨切了一盘水果让她吃。当母亲回到家里，发现茶几上有一盘水果时，便问孩子原委，孩子一一道来，母亲将孩子抱在怀里，高兴地说："儿子，你真棒！"

称尊长　勿呼名　对尊长　勿见能

解字

称：称呼。尊：对人的敬称。长：长辈、长者。见（xiàn）：同"现"，表现。

释义

称呼长辈，不可以直接叫他们的名字，那是不礼貌的行为；长辈见识多、阅历深，在尊长面前要谦虚有礼，不可以炫耀自己的才能。

引申

明朝吕坤《社学要略》云："学中以长幼为先，序就齿数。除系相亲自有称呼外，其余，少称长者兄，长呼少者名。"古代学校里，同学之间按年纪大小，小同学称大同学为哥哥，大同学称呼小同学的名字。

古代中国人有姓、名、字的区分。一个人的名是很尊贵的，一般只有自己的父母和老师才能直呼其名，其他人往往是称字，甚至连皇帝都是这样。但是

现在，人与人之间直接呼名很普遍，甚至子女都直呼父母的名字，这是对父母师长的不恭敬。所以在称呼别人时，一定要加上尊称，对父母、师长、领导、长辈等更应如此。彼此陌生的同辈之间，称呼时应根据实际情况，可以加上一些特定称谓，如"某某同学""某某先生"等，以防直呼其名的无礼。

导行

2. 不直接叫长辈的名字，而要按辈分来称呼。公共场所称呼他人也应按辈分来称呼。

范例——钱穆识骄

近代的国学大师钱穆，自幼聪慧。小时候有一次当着客人的面，背诵《三国演义》，获得客人们的一致赞赏，但钱穆的父亲却没有表态。几天后，父子二人出门，路经一座桥，父亲就问钱穆："桥字怎么写？"钱穆回答说是"木"字边上一个"乔"；父亲又问："把'木'换成'马'，是什么字？"钱穆回答说是"骄"。父亲又问他可知"骄"字的含义，钱穆说知道。这时，父亲在他耳边轻声问："前几日背《三国演义》时，你心中可有这个字？"这时钱穆才知道父亲在告诉他不可恃（shì，仗着）才逞（chěng，炫耀）骄，心中很惭愧，于是一生牢记父亲的教诲，虽然后来成了著名的国学大师，但还是谦逊自持。

路遇长　疾趋揖　长无言　退恭立

解字

疾：迅速，敏捷。趋：跑，疾走。疾趋：以跑的姿势小步快走，表示恭敬、礼貌。揖：拱手行礼。恭：恭敬，谦慎有礼。

释义

在路上遇见尊长，应快步向前行礼问候。长辈没有什么吩咐的话，可以恭敬地站在一旁，等候长辈离去。

引申

《礼记·曲礼》云："遭（zāo，遇见）先生于道，趋而进，正立拱手。不与之言，则趋而退。"宋朝朱熹（xī）《童蒙须知》云："凡道路遇长者，必正立拱手，疾趋而揖。"清朝万斛（hú）《童蒙须知韵语》云："道路遇长者，必正立拱手。近前即趋揖，俟（sì，等待）过然后走。"以上典籍都告诉我们，路遇长者，必须要有大方得体的礼节。

在路上碰到老师，有多少人会落落大方地主动向老师问好？有的孩子害怕见老师，会有意识地避开老师。试想如果一个人已经看到对方，而另一方却故意避开，互相之间势必会产生误会。这里的"路遇长，疾趋揖"，就是要我们从小养成尊敬老师和长辈的习惯。很多时候正是因为我们保持了对众人的一份谦恭之心，当我们遇到困难时，常会自然地获得别人无私的帮助，可见尊重别人就是尊重自己。

导行

3. 路遇长辈，应主动问好。长辈在谈话时，若没有和自己说话，自己要退在一旁恭敬地聆听。

范例——孔子庭训

有一天，孔子站在庭院里，他的儿子孔鲤"趋而过庭"，什么叫"趋"呢，"趋"就是小步快走，是表示恭敬的动作，在上级面前、在长辈面前你走路要"趋"，低着头，很快很快地这样走过去，这叫"趋"。孔鲤看见父亲孔子站在庭院里面，于是低着头"趋"，孔子说："站住，学诗了吗？"孔鲤说："没有。""你不学诗你怎么会说话呢？"于是孔鲤退而学诗。又一天，孔子又站在庭院里，孔鲤又"趋而过庭"，孔子说："站住，学礼了吗？"孔鲤说："还没有。"孔子说："不学礼何以立，不学礼你怎么做人？"于是孔鲤退而学礼。

骑下马　乘下车　过犹待　百步余

释义

不论骑马或乘车，路上遇见长辈应停下来问候，等到长者离去稍远，约百步之后，才可以离开。

引申

《礼记·祭义》云："见老者，则车徒辟。"如果我们自己在一些交通工具上，如古代是骑马、坐轿子、乘车，现在可能是骑自行车，或开自己的小汽车，路上遇到熟悉的尊长，在方便的情况下，我们就应该下车，向尊长问候，等问候完毕，目送尊长走远，我们再继续赶路。由此拓展开去，家里如果来了客人，送别时，应该亲自送到门口，并目送客人下楼、进电梯，要等看不见客人了，才轻轻把门关上。如果客人前脚刚跨出门，我们后脚马上"砰"的一声关上门。客人可能会认为是他们不受欢迎，由此而产生误会。反之，如果我们能目送客人，他们回头发现我们的礼敬，就会感觉很温暖。

导行

4. 遇到长辈时，若自己正在骑车或做其他事情，在保证安全的情况下，要下车或暂停活动主动问候，待长辈走过后再骑车或做事。

范例——北大排队

当年，季羡林先生在北大教书。北大的尊师风气是很好的。季先生散步是很讲究的，也是非常守礼的。因为，散步是很悠闲的，你会影响别人，所以季先生从来不在大路上散步。有一次，季先生去散步，只见他身后排起了一条长龙，全部是推自行车的人。发生了什么事呢？因为，北大有很多学生上课距离教室很远，所以，他们都是骑着自行车从这个教室赶到那个教室，他们也绕到了这条平常不走的路上。但是，北大的学生都知道前面的是季先生，老人家一身布衣，一头银发，背着手在那里散步。所有的学生都下车，安静地排着队跟着季先生走，绝对没有一个按铃的。北大有这样的尊师风气，不愧是学子们向往的学府。

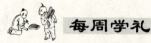

每周学礼

本期主题：就餐礼仪

一、座有次序，长者居上座，与门相对的座位为上座。

二、若是主人亲自烹调，须向主人礼谢后食。

三、动筷举匙，必请大家同举。

四、一次夹菜不要过多，不站立夹菜，不在菜肴中挑拣翻搅。

五、咀嚼食物时，尽量不要出声。

六、进餐时，先请客人、长者动筷子。

七、口中有食物时不要说话。

八、客人没有吃完时，主人不先结束用餐。

九、咳嗽、打喷嚏时须转身向后，并用手或手绢遮挡。

十、在餐桌上剔牙应用牙签并且要用手遮挡住口。

十一、用餐完毕碗中不留饭粒。

十二、用餐完毕，主人应谦逊地说声：照顾不周。客人应对主人的款待表示感谢。

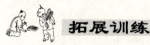

拓展训练

打招呼小练习

打招呼是人类最通用、最起码的交际形式，是人与人之间友好的纽带，简单的招呼可传达多种多样的善意。

一、练习微笑，每天对着镜子微笑，并跟镜子中的自己打招呼，赞美镜子中的自己。

二、学生要做到：上学离开家、放学离开家时，应与父母及亲人打招呼；每天第一次看见学校领导和老师打招呼；在路上遇到老师或其他亲戚、朋友或熟人也应打招呼。

三、熟练地掌握一些常见的招呼语和打招呼的方式。

第 10 课

zhǎng	zhě	lì	yòu	wù	zuò	zhǎng	zhě	zuò	mìng	nǎi	zuò
长	者	立	幼	勿	坐	长	者	坐	命	乃	坐

zūn	zhǎng	qián	shēng	yào	dī	dī	bù	wén	què	fēi	yí
尊	长	前	声	要	低	低	不	闻	却	非	宜

jìn	bì	qū	tuì	bì	chí	wèn	qǐ	duì	shì	wù	yí
进	必	趋	退	必	迟	问	起	对	视	勿	移

shì	zhū	fù	rú	shì	fù	shì	zhū	xiōng	rú	shì	xiōng
事	诸	父	如	事	父	事	诸	兄	如	事	兄

长者立　幼勿坐　长者坐　命乃坐

解字

命：命令、吩咐。乃：才。

释义

与长辈一起，长辈站立时，晚辈应该陪着站立，不可以自行就座，长辈坐定以后，吩咐我们坐下才可以坐。

引申

《全唐诗补逸·尊人立莫坐》云："尊人立莫坐，赐坐莫背人。存坐无方便，席上被人嗔。"做到长幼有序非常重要。我们看到在社交场合，有些孩子甚至于成年人，因为不晓得在坐、走、行仪中谦恭礼让老人，而显得没有教养。如果我们不在当下做好，也不利于将良好的教育传承给子女。人生的许多波折和磨难，往往就是因为忽视了细节而致。

导行

1. 与长辈一起吃饭或交谈时，应让长辈坐于上座。得长辈示意后，自己再坐下。

范例——程门立雪

北宋时期，福建将东县有个叫杨时的进士，他特别喜好钻研学问，到处寻师访友，曾就学于洛阳著名学者程颢（hào）门下。程颢死后，杨时又到程颢推荐的其弟程颐门下，在洛阳伊川所建的伊川书院中求学。杨时那时已四十多岁，学问也相当高，但他仍谦虚谨慎，不骄不躁，尊师敬友，深得程颐的喜爱，被程颐视为得意门生，得其真传。

一天，杨时同一起学习的游酢（zuò）向程颐请求学问，却不巧赶上老师正在屋中打盹儿。杨时便劝告游酢不要惊醒老师，于是两人静立门口，等老师醒来。一会儿，天飘起鹅毛大雪，越下越急，杨时和游酢却还立在雪中，游酢实在冻得受不了，几次想叫醒程颐，都被杨时阻拦住了。

直到程颐一觉醒来，才赫然发现门外的两个雪人！从此，程颐深受感动，更加尽心尽力教杨时，杨时不负众望，终于学到了老师的全部学问。之后，杨时回到南方传播程氏理学，且形成独家学派，世称"龟山先生"。

尊长前　声要低　低不闻　却非宜

解字

宜：合适、恰当。非宜：就是不适合、不恰当。

释义

在尊长面前讲话或与尊长交谈，声音要柔和适中，回答的声音太小让人听不清楚，也是不恰当的。

引申

在父母、老师、领导等长辈面前，讲话声音要适量、适中、适度，不能太喧闹，也不能让人听我们说话感到含糊不清，听起来很费神，这都是对尊长的不礼貌。这一点我们没有做到的要做到，同时也要教育和训练孩子言谈举止要落落大方，不偏不倚，事事中道而为。家中有客人来，有尊长在的情景下，我们要抓住这样的教育机会，引导孩子。

导行

2. 在长辈面前说话时，声音要适度柔和，而不是高声大叫。

范例——鲍（bào）永训妻

西汉末年人鲍永，努力学习《尚书》，孝养后母恪尽孝道。有一天，他的妻子在后母面前大声骂狗，鲍永见了非常生气地说："按礼节，在宾客面前尚且不能大声言语。你怎么在母亲面前大声骂狗呢？"鲍永认为妻子不稳重，在婆母面前喧嚷是不懂礼节，不知孝道。他的妻子终于哭着认错了。

进必趋　退必迟　问起对　视勿移

解字

趋：小步快走。对：回答。

释义

面见长辈或帮长辈做事，要快步向前，谦恭而主动。告退时必须稍慢一些才合乎礼节。当长辈问话时，应当站起来回答，专心聆听，眼睛不可以东张西望，左顾右盼。

引申

《礼记·曲礼》云:"君子恭敬撙(zǔn,克制)节,退让以明礼。""侍坐于君子,君子问更端,则起而对。"君子总是以恭敬、克制和退让来阐释礼。陪伴尊者或长者坐,长者问起别的事情,则站立起来答长者所问。

帮尊长做事,动作要快,不要拖延。等事情完成后,要正面缓缓退下。尊长和我们谈话,我们应心怀恭敬,专心聆听,有问必答。如果正在做事,应放下手中事,一心答问。此外,我们和其他人谈话时,也要专注,不能心不在焉。如果谈的事情很重要,最好把手机关机,以此表示对谈话人的尊重,并以防谈话被中断。

导行

3. 拜见长辈,应快步上前;告退时,步子要放缓。

4. 当长辈问话时,我们应该起立回答,眼睛要注视长辈,而不要东张西望。

范例——孔子有礼

周朝时,孔子在鲁国做司寇,代理相国的职务,他服侍君王非常尽礼。上朝时,和上大夫交谈,态度中正自然;和下大夫交谈,态度和乐轻松。进入国君的宫门时,低头弯腰,态度恭敬;快到国君面前时,小步快行,态度端谨。走进周公的庙里,每一件事情的礼仪,都要向人询问,以免失礼。孔子一生提倡崇礼行仁,他"温、良、恭、俭、让"的德行风范,直至今日依然是我们学习的典范。

事诸父　如事父　事诸兄　如事兄

解字

事:侍奉。诸:众多。诸父:指父辈。诸兄:指平辈。

释义

对待叔叔、伯伯和与父亲平辈的尊长，要如同对待自己的父亲一般孝顺恭敬，对待同族的兄长，及其他年龄相仿者，也要如同对待亲兄长一样友爱尊敬。

引申

"出则弟"这部分，主要是讲述了在社会上怎样与人相处，如果能把这些都做到，那我们的气质就会完全不同于常人，会成为一个真正的谦谦君子。

导行

5. 对待父辈们应该像对待自己的父母一样尊敬他们。对待平辈们应该像对待自己的兄弟姐妹一样友爱相处。

6. 邻里乡党之间有相互帮助之义，自己做事不要打扰到自己的邻里。

范例——张宝珠的父母村

全国"孝亲敬老之星"张宝珠，出生于湖北红安一个偏僻的乡村，高考落榜后，她到武汉当医院护工。为护理好病人，她自费学护理，掌握了专业的护理技能。结婚后，父母及婆婆相继中风瘫痪长达14年，都是她在床前悉心侍候。1998年，她偶然到隔壁邻居家办事，看到70多岁的刘爹爹中风瘫痪在床，儿女上班顾不上照料，刘爹爹身上长满褥疮，臭气熏人，床上还有三只不知死了多久的老鼠。"老吾老以及人之老"，触景生情，张宝珠的心酸楚了好久，一个念头像流星划过心头：办一个"父母村"，把这些无人照料或家属子女无法照料的老人聚集到一起，像对待父母一样照顾，让这些老人活得尊严、体面、幸福，安享晚年。于是，她借钱租了一套三室一厅的房子，开始办起了父母村福利院，刘爹爹成了这里的第一位老人。从1998年至今，父母村福利院不断发展壮大，已接收了1000多位老人，他们大多是瘫痪在床，需要全程护理的病人。其中近300位老人都是由张宝珠善后送终的。

张宝珠这种"事诸父，如事父"的赤诚孝行，值得我们为人子女好好学习。

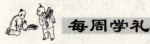 **每周学礼**

本期主题：出门礼仪（一）

一、衣着不求华美，整洁实用就好。

二、碰到长辈或长者，须走到面前恭敬问好。

三、与人交谈，避免用手指着对方。

四、路上不吸烟，不嚼食物。

五、乘车时遇到长辈，须下车、停车或以其他方式致意。但在人车繁杂的地方，可不必招呼敬礼。

六、夜必归家。有事不能回，须通知家人。

 **拓展训练**

关爱他人的训练

两个人为一组，蒙上一个人的眼睛体会盲人，另一个人不能讲话，体会哑巴，扶着"盲人"上楼梯，并迈过障碍物。过程中"哑巴"不能讲话。这项拓展训练，帮孩子理解互助的重要性，理解如何关爱他人，提高道德认知。

第四章
谨

释题

　　谨，这是为人子弟主修的第三门功课。"谨"是指我们行为上要谨慎，不可以放逸，慎乃护身之良方要诀。这一篇具体到少年儿童就是要养成珍惜时间、早睡早起、注重仪容仪表等好习惯，在行走、坐立、饮食、待人接物方面表现出良好的修养。

第11课

zhāo	qǐ	zǎo	yè	mián	chí	lǎo	yì	zhì	xī	cǐ	shí
朝	起	早	夜	眠	迟	老	易	至	惜	此	时

chén	bì	guàn	jiān	shù	kǒu	biàn	niào	huí	zhé	jìng	shǒu
晨	必	盥	兼	漱	口	便	溺	回	辄	净	手

guān	bì	zhèng	niǔ	bì	jié	wà	yǔ	lǚ	jù	jǐn	qiè
冠	必	正	纽	必	结	袜	与	履	俱	紧	切

朝起早　夜眠迟　老易至　惜此时

解字

朝（zhāo）：早晨。眠：睡觉。

释义

为人子弟应早起晚睡，把握光阴及时努力，因为时光易逝，少年人一转眼就步入老年的行列了，到那时纵然有种种理想和愿望，也是力不从心，所以我们要珍惜当下宝贵的时光。

引申

《孟子·离娄下》说，世间有五不孝包括："惰其四肢，不顾父母之养，一不孝也；博弈好（hào，喜爱）饮酒，不顾父母之养，二不孝也；好财货，私妻子，不顾父母之养，三不孝也；纵耳目之欲，以为父母戮（lù，羞辱），四不孝也；好勇斗狠，五不孝也。"孟子说："通常认为不孝的情况有五种：四肢懒惰，不管赡养父母，这是第一种；酗酒聚赌，不管赡养父母，这是第二种；贪吝钱财，只顾老婆孩子，不管赡养父母，这是第三种；放纵

声色享乐，使父母感到羞辱，这是第四种；逞勇好斗，连累父母，这是第五种。"

陶渊明《杂诗》云："盛年不重来，一日难再晨。及时当勉励，岁月不待人。"汉乐府《长歌行》云："少壮不努力，老大徒伤悲。"俗语又云："一年之计在于春，一日之计在于晨"，早上起来，精神最抖擞（dǒu sǒu，奋发、振作），最饱满，所以应当珍惜。曾国藩告诫他的子弟：要看一个家庭有没有兴盛，就看他的子弟是不是晏（yàn，迟）起？这个晏起就是起得很晚。早起的家庭，我们感觉是有朝气、有前途的家庭。这里的"夜眠迟"本意是为人子女每天要等到把父母安顿休息之后，关好门窗，打理完家务，检查没有安全顾虑之后，再上床睡觉。不是鼓励我们晚上工作或玩耍到很晚，若经常晚睡，甚至熬夜，不但损害身体健康，也影响白天正常的学习和工作。

导行

1. 生活起居要有规律。每天要有充足的睡眠，每天应坚持一小时的体育锻炼。

范例——"八十公分"的人生

有一位父亲看到自己的儿子整天游手好闲，一天，父亲就拿了一根八十公分长的木棍对儿子说："儿子呀，人生就好像这根木棍一样，八十多公分相当于八十年左右的时间。前二十年你在学习，这段时间你对家庭、对社会没有贡献，我们把它砍掉。""咔嚓"一声，把木棍的前端二十公分砍掉了。接着又说："人到了六十岁以后身体比较衰弱，也没有力气做事情，所以后面二十年也要砍掉。""咔嚓"一声，把木棍后边的二十公分也砍掉了。父亲接着又说："剩下的有三分之一都在睡眠上用掉了，这三分之一也不能算数。"说完就又砍掉了三分之一。在这个过程中，儿子的内心每次听到这"咔嚓"声都受到一次震撼。接着父亲又说："你每天要吃饭，还有其他杂七杂八的事情，所以应该再砍一段。"这时孩子跟父亲说："爸爸你别砍了，我明白了。"父亲接着说："你不明白，因为这一生你不知道要生多少次病，躺在病床上，所以也要砍一些。"孩子这时候"扑通"一声跪在了地上，说："爸爸，我真的明白了。"他的父亲拿着余下的木棍，对他说："你看人生只剩这么短的时间能够真正做有意义的事情，孝敬父母，报效国家，奉献社会。既然都这么少了，还拿来挥霍，你觉得可以吗？"孩子终于悔悟了，流下了忏悔的泪水。

晨必盥　兼漱口　便溺回　辄净手

解字

盥（guàn）：洗（手、脸）。兼：同时。溺（niào）：同"尿"。辄：就。

释义

早晨起床后，务必洗脸、刷牙、漱口，使精神清爽，有一个好的开始。大小便后，一定要洗手。这种良好的卫生习惯应该在小时候就养成。

引申

《孟子·离娄下》云："西子蒙不洁，则人皆掩鼻而过之；虽有恶人，斋戒沐浴，则可以祀上帝。"《礼记·曲礼》云："儒有澡笛而浴德。"像西施那么美丽的女子，如果她沾染上污秽恶臭的东西，别人也会捂着鼻子走过去；虽然是一个面貌奇丑的人，如果他斋戒沐浴，也同样可以祭祀祖先和上天。儒家学人，都会洁身自好，沐浴在道德中，以加强品行磨炼，使身心保持纯洁。

这些卫生习惯一方面能让我们神清气爽，干净舒服。一方面也防止病菌侵染，利于我们身体健康。不仅便溺后要洗手，饭前、阅读经典书籍前都要先洗手。洗手时，手心、手背、指缝间都要仔细搓洗，才能起到除菌的作用。

导行

2. 我们应养成良好的卫生习惯，起床后、入睡前要洗脸，用正确的方法刷牙，饭前便后要洗手。

3. 我们要保护好自己的视力。做到写字姿势正确，手离笔尖一寸，胸离桌沿一拳，眼离书本一尺。看电视或使用电脑时间不宜过长。

4. 我们要珍惜时间，今日事今日毕。

范例——王安石的缺点

王安石是宋朝最有名的宰相之一，不过他有一个很大的缺点，就是不讲究衣着的卫生，他不爱洗澡，不爱换洗衣服，弄得自己总是脏兮兮的。有一次，皇帝召见王安石和几位大臣一起商议大事。谈话间，一只虱子从王安石的衣领里爬出来，爬到了他的脸上。皇帝看到后，偷偷地笑了，可王安石一点也不知道。后来，这件事成为了人们的笑谈。王安石是一位大政治家，可他的仪表真是糟糕，这点不值得我们效仿。

冠必正　纽必结　袜与履　俱紧切

解字

冠：帽子。纽：就是纽扣。履：鞋。紧切：绑紧系牢。

释义

要注重服装仪容的整齐清洁，戴帽子要戴端正，衣服扣子要扣好，袜子穿平整，鞋带应系紧，一切穿着均以稳重端庄为宜。

引申

明朝吴遵《初仕录》云："昔贤云持己得一敬字，敬字者，修身立政之本也，衣冠必正，言动必端。"宋朝饶（ráo）鲁《程董二先生学则》云："言语必恭，步立必正，视听必端，言语必谨，容貌必庄，衣冠必整，饮食必节，出入必省，读书必专。"宋朝朱熹《童蒙须知》："凡着衣服，必先提整衿（jīn，衣领）领，结两衽（rèn，衣襟）纽带，不可令有阙（quē，毁坏）落。饮食、照管，勿令污坏；行路、看顾，勿令泥渍。"过去的贤人修持都是从敬字入手，这是修身之本，而其表现则体现在衣着、言语、行为、饮食等的端正恭敬上。

一个人衣冠整齐不但自己中正端庄，别人看了也会肃然起敬。邋遢（lā tā）不整的样子不仅是对自己的不尊重，也是对别人的不尊重。所以为人父母就要特别注意自己的仪容，因为无形中会影响到孩子的行为习惯。孩子的行为习惯从一定程度上又决定他的未来前途！一个人"步从容，立端正，揖深圆，拜恭敬"，会显发一种令人起敬的威仪。

导行

5. 要注重自己的仪表。戴帽要戴正，衣扣要扣好，袜子要勤换洗，鞋要保持干净。人要端庄大方阳光。

范例——齐桓公丢帽子

古人将衣着是否整齐，看得非常重要。归置衣物要有固定的位置。如果，古人找不到帽子或者需要穿戴的衣服，很可能会发生一件大事。齐桓公有一次喝醉了，酒醒之后突然发现帽子没了。可能他丢掉的正是国君那顶冠，他只有一顶。一般我们会怎么办？帽子掉了，我随便戴另外一顶帽子出来见人好了，或者我不戴帽子，包块头巾。齐桓公不是这样，他感到巨大的羞耻，三天不上朝，躲起来了，谁找他都找不着。这时候，各地的饥荒都报上来了，丞相管仲做不了主，就去找齐桓公。齐桓公因为帽子丢了，谁都不见，觉得很难为情。管仲只好下令，开仓放粮，把粮食自作主张发下去了，老百姓很感谢管仲，认为遇到了一个贤相。后来知道情况之后，齐国就开始流传一首歌谣：国君啊国君，你的帽子何时再丢？你丢一次，就放一次粮。在正常情况下，保持衣装的

整洁，除非是特殊情况，不要去弄污你的衣服。在古人眼里，这也可以体现一个人的修养。

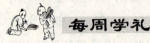 每周学礼

本期主题：出门礼仪（二）

一、不站在路上长时间交谈。

二、不走马路中间。过马路看清路况、车况，不与车辆争抢。

三、行走时，步履宜稳重，张胸闭口，目视前方。

四、遇妇女老弱，率先让路或让座。

五、遇到有人问路，须详为指示。问路于人，须随即称谢。

六、在舟车或飞机上，不探首或伸手出窗，不随便涕痰。

 拓展训练

时间管理训练

通过以下问题调查自己的时间管理状况并按后面的表格学习安排事务：

一、几点开始目标，能不能早点开始，有没有任何让你分心，以致无法完成目标的事情？

二、我完全不受干扰的最长时段有多久？

三、我最有效率和最没有效率是什么时候？

四、我将当天的主要目标完成到什么程度？

五、我会照着优先次序的书面计划做事吗？

六、我在适当的时间做适当的事吗？

七、我怎么处理不应该做的事？可不可以让别人帮忙？

八、手边的工作要如何做得更有成效，更为简化，并减少细节？

九、我花的时间与我的优先次序是否相称？

_____月_____日时间管理表

时间段	计划内容	重要性排序	预期完成时间	实际完成情况

第12课

zhì	guān	fú		yǒu	dìng	wèi		wù	luàn	dùn		zhì	wū	huì
置	冠	服		有	定	位		勿	乱	顿		致	污	秽

yī	guì	jié		bú	guì	huá		shàng	xún	fèn		xià	chèn	jiā
衣	贵	洁		不	贵	华		上	循	分		下	称	家

duì	yǐn	shí		wù	jiǎn	zé		shí	shì	kě		wù	guò	zé
对	饮	食		勿	拣	择		食	适	可		勿	过	则

置冠服　有定位　勿乱顿　致污秽

解字

置：放。顿：放置。乱顿：就是随便摆置。致：造成。污秽：肮脏（āng zāng）。

释义

脱下来的衣、帽、鞋袜，乃至其他用具或物品，用完都要放置到固定的地方，不可随意乱丢乱放，避免造成脏乱，以及再用的时候耗费时间和精力去翻找。如果是公共的东西，那用过之后更要放回原处，以方便其他人使用。

引申

宋朝朱熹《童蒙须知》云："凡脱衣服，必齐整摺（zhé）叠箱箧（qiè，箱子）中。勿散乱顿放，则不为尘埃杂秽所污。仍易于寻取，不致散失。着衣既久，则不免垢腻（nì）。须要勤勤洗澣（gān）。破绽，则补缀（zhuì，缝补）之。尽补缀无害，只要完洁。"物无定处，我们急需的时候，就会手忙脚乱、觅不可得。内心焦急，恼恨生起，便会出言不逊，面色难看。自己的这种过失还可能导致同学或家人心生烦恼。细细思量，追根溯源，烦恼的起因还是自己没有井井有条的做事习惯。可见养成良好的习惯实在不是束缚，而是自悦悦人的智慧行为。

懂得整理衣物的人应该也很善于处理家务，也会把家里打扫得很干净。工作起来也会井然有序，条理分明，这样既能避免差错，又能提高效率，何乐而不为呢？一个学生如果能有这样的好习惯也会影响到其他同学，有慧眼的老师也会鼓励其他同学向他学习，使校园里兴起整洁之风。推广开来，一个将这样的好习惯身教给子女的父母，会令孩子受用终生，乃至代代传承；一个企业团体的领导人能够率先示范这种规矩和作风，也会带动这个企业的员工追随效法。

导行

1. 衣服要放在合适的位置，不要随便乱扔。
2. 进门脱下的大衣要放在衣架上，或者一个固定的地方。

范例——衣帽整洁的张九龄

张九龄是唐朝著名的诗人，也是一位优秀的政治家。张九龄容貌清秀，平时总是衣帽整洁。走在路上，总显得风度潇洒，与众不同，总能赢得路人的目光。并且每当朝廷重要的朝会时，在众人中间，他也是很显眼的，连皇帝对他的举止都赞赏不已。凡是张九龄在，那里的气氛就会格外愉快，大家都乐意同他这位衣帽整洁而且又有风度的人在一起说笑、玩乐和探讨学问。张九龄的注重仪表给他带来了好人缘。

衣贵洁 不贵华 上循分 下称家

解字

贵：重视，崇尚。循：依照。分：身份，地位。"循分"的意思就是与身份相符。称：相称，相宜。"称家"就是符合家庭状况。

释义

穿衣服，最重要的是整洁、大方和得体，而不是要一味地追求奢华。自己所穿的衣服，要符合自己的年龄、身份和地位，还要符合自己的家庭条件。

引申

《论语·里仁》云："士志于道，而耻恶（è，粗劣）衣恶食者，未足与议也。"有志于学习和实行圣人的道理，但又以自己吃穿得不好为耻辱，对这种人，是不值得与他谈论道的。每个人的穿着打扮、言语行为都要符合自己的年龄、身份。简单整洁的衣着不光是对别人的尊重，更是对自己的尊重。这种衣着和言行要内外和谐，表里一致。打扮搭配以适中为佳。拿家庭妇女作例，古人教导妇女要有四德，哪四德？妇德、妇容、妇言、妇功。如果一位母亲出外衣着光鲜、彬彬有礼，才能出众，回到家里邋邋遢遢随便，言语不善，不理家务，无形中会对家人尤其是孩子产生很坏的影响。父母和老师都是孩子人生路上的老师。如果成年人能以身作则，示范简朴之美、端庄之美、爱心之美、行为之美、言语之美和宽宏之美，这些无不会深深铭刻于孩子心上，促进孩子健康成长。

女孩子不要一味地追求时髦（shí máo，潮流的事物）。衣帽鞋袜，动辄（zhé，就）成百上千，徒增浮华。尤其注意不能穿得太暴露，否则容易引起一些人的非分之想。社会上的一些人身伤害就是由此引起的。女孩子的穿着要以端庄贤淑为好，男孩子衣着要简单整洁，要能显示出良好和饱满的精神面貌。

导行

3. 日常穿戴应整洁、得体，朴素大方。学生要着学生装，留学生头。少先队员要佩戴好红领巾。

范例——子路盛服见孔子

《荀子·子道》中记载，子路穿戴得十分讲究去见孔子。孔子觉得子路这个人不够实在，于是借此机会教导他说："仲由，你为什么这样讲究穿得飘飘然呢？长江水的源头很小很浅，仅能浮起一只酒杯，但流至长江的渡口，水面就很宽阔，能承载大船，这不是因为它的下流能够容纳许多支流吗？如今你穿得这样讲究，神色如此高傲自满，天下的人还会有谁肯教导你呢？"子路听了觉得很惭愧，赶快退出来，换上平时的衣服再进去，比刚才自然多了。孔子说："仲由你要记住，我告诉你，用语言文饰自己的人是虚伪的；行动上一味莽撞，不顾后果的人，是夸耀自己；神色上表现出什么都懂，什么都能的人，正是小人。因此作为一个君子，要老老实实，懂得就说懂得，不要不懂装懂，这就是讲话的总原则。会做的就去做，不会做就不要逞能，这就是得当的行为。讲话抓住了总的原则就是智，行动不越出总的原则就是仁，能够做到智又能够做到仁，就是一个君子了。"

对饮食　勿拣择　食适可　勿过则

解字

拣择：挑挑拣拣。适：适量。则：原则、限度。

释义

对于饮食，不要过度挑拣，也不要偏食，偏食会营养不良。吃的东西要适可而止，不要暴饮暴食，以免损伤脾胃。

引申

有首《健康歌》讲得很有道理：

亲朋好友	仔细思量	饮食有节	莫轻良方
早餐吃好	焕发容光	中餐吃饱	体力蕴藏
晚餐吃少	神清气爽	零食少入	健胃整肠
大吃大喝	累坏肚肠	肉食无度	增添脂肪
五谷杂粮	营养健康	蔬菜坚果	咀嚼芬芳
不拒油腻	疾病难防	饮食清淡	福寿绵长
三餐正常	体健康强	正确饮食	神采飞扬

我们讲究健康饮食，以便更好地服务于家庭生活和社会生活，为大众谋福利。民以食为天，现代社会越来越精于饮食。适当地享受美食无可非议，但凡事过犹不及。一味地追求口腹之欲，这种物质上的满足与精神相比，毕竟是舍本逐末。所以，在衣食住行基本满足的情况下，学习圣贤之道，找到自己的人生方向才是正途。

《论语·乡党》云："不撤姜食，不多食。"明朝李诩（xǔ）在《戒庵老人漫笔》中注解说："《论语》曰：'不撤姜食'，又曰：'不多食'，谓每食适可而止，非言姜也。"意思是用餐适量即可。

导行

4. 要养成良好的饮食习惯，不挑食，不偏食，不暴食。做到早餐吃好，午餐吃饱，晚餐吃少。

范例——郑浣观人

唐代，有个文学家叫郑浣，这个人是进士出身，而且当过大官。他的生活很简朴，特别是对饮食绝对不会挑挑拣拣。有一次，他的远房孙子从老家来找他，因为这个孙子是农民，没见过世面，也不懂礼节，穿的衣服当然也很破。所以，郑浣家里有很多人，包括仆人都嘲笑这个远房的孙子，只有郑浣没有。他觉得这个孙子很朴素，来自民间。郑浣问这个远房孙子："你来找我有什么事？我有什么可以帮你？"结果，这个孙子就跟他讲："我常年在家种地，做老百姓，我想当一名县尉，这样我就可以衣锦还乡，光宗耀祖。"郑浣一想，你这个孩子还是很有上进心的，不错不错，我可以帮你试试。

于是，郑浣就写了一封信把他介绍给某一个地方的县令，看看能不能给他安排点工作。就在郑浣给他送行的那天晚上，郑浣请他吃饭，说："为你送行，明天你要上路了。"郑浣就观察这个远房孙子的吃相。那天吃的是蒸饼，郑浣突然发现这个孙子把这个饼的皮给撕了，掏里面的瓤吃。这一下，郑浣非常生气，就在旁边叹息，说："这个饼的里面和皮有什么区别啊？你居然有这样的毛病，如此奢侈浪费！你一点淳朴的习惯都没有，我看你在家乡务农，应该是很质朴的啊！一定懂得种庄家的辛苦。没想到，你这样浮华。"这个远房孙子害怕了，一哆嗦，把手上剩下的那些皮统统给他远房爷爷递过去了。郑浣接过来，把他掏剩下来的皮全吃了。第二天，郑浣就打发人把这个远房孙子送回家，认为他不堪重任。郑浣就是通过一个饮食细节来观察一个人。

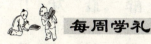

每周学礼

本期主题：户外礼节

一、外出最好结伴而行，途中互相帮助，互相照顾。

二、外出前计划好时间、路线，掌握天气、交通等情况。

三、带上通信工具、地图及一切必要用品。

四、在目的地要使用当地礼仪习惯。

五、办完事离开时对招待自己的人表示感谢。

拓展训练

整理房间和调整饮食小练习

一、整理一下自己的房间，请爸爸妈妈帮忙把不需要的东西处理掉。

二、打扫家里的卫生。

三、自己洗衣服。

四、和爸爸妈妈一起做一顿素食，饭后学习洗碗。

第 13 课

nián fāng shào　　wù yǐn jiǔ　　yǐn jiǔ zuì　　zuì wéi chǒu
年　方　少　勿　饮　酒　饮　酒　醉　最　为　丑

bù cóng róng　　lì duān zhèng　　yī shēn yuán　　bài gōng jìng
步　从　容　立　端　正　揖　深　圆　拜　恭　敬

wù jiàn yù　　wù bǒ yǐ　　wù jī jù　　wù yáo bì
勿　践　阈　勿　跛　倚　勿　箕　踞　勿　摇　髀

年方少　勿饮酒　饮酒醉　最为丑

释义

　　青少年不要饮酒，因为青少年正处在发育时期，饮酒对健康危害很大，也会增加肝脏负担。何况喝醉酒会丑态百出，有损自己的形象，甚至会干蠢（chǔn，愚笨）事、惹祸端。

引申

　　清朝刘智纂（zuǎn）《天方典礼择要解》云："圣人曰：酒致乱之钥，速祸之媒也。又曰：酒为众恶之母，初虽少，饮终则沉酣无度，坏事多矣。断勿饮之。"酒为众恶之母，速祸之媒，所以圣人告诫我们"断勿饮之"。

　　人饮酒后大脑会反应迟钝，常言讲"酒后无德"，醉酒后口无遮拦，胡言乱语，我们不饮酒还出口伤人，何况酒后意乱神迷之下呢！更有甚者，酒醉呕吐，弄得满屋子都是污浊酒气，饮酒者不觉得，但周围的人会非常讨厌反感，即使家人也不会欢迎，久之，还会影响家庭和谐。

　　也不要在邀友请客时劝人饮酒，要知道人的自我控制力非常有限，本想碍于情面喝一点，但往往酒壮英雄胆，一旦喝起来便少有节制。若当场喝出问题、回家路上出交通事故或开车伤害到别人，我们都责任难逃。所以，纯粹为

76

了饮酒的交际最好借故不予参加,防微杜渐。假若是必须参加的商务礼仪,最好以饮酒过敏为由,以饮料代酒。自己若肯持守原则,自然也会获得别人的尊重。生意场上的合作不在饮酒,诚信才是最能打动客户的佳酿。

《论语·子罕》云:"子曰:出则事公卿,入则事父兄,丧事不敢不勉,不为酒困,何有于我哉。"在外事奉公卿,在家孝敬父兄,有丧事不敢不尽力去办,不被酒所困,这些事对我来说有什么困难呢?

导行

1. 珍爱自己和他人的生命,不吸烟,不喝酒,一定要远离黄、赌、毒。

范例——小女教父酒醉丑

有一位父亲,在外面应酬时喝了很多酒,晃晃悠悠回到家,女儿看到父亲喝成这个样子,很心疼地对父亲讲:"爸爸,《弟子规》里面讲'饮酒醉,最为丑',您要保重身体呀!"这位父亲听了很惭愧,心想自己都几十岁了,却被几岁的孩子指出自己的不良行为,实在有失父亲的尊严和一家之长的风范。所以,以后再遇到饮酒的场合,他都会把这个故事讲给朋友们听。他的朋友们也都很理解,并且饮酒也都很注意节制,谨防自己回家也在孩子面前出丑。

步从容　立端正　揖深圆　拜恭敬

解字

揖:拱手行礼。拜:叩(kòu)拜。

释义

走路时步伐应当从容稳重,不慌不忙,不急不缓;站立时要身体端庄正直,抬头挺胸,精神饱满;作揖时要深弯腰;叩拜时要恭恭敬敬,不急不躁。

77

引申

《礼记·曲礼》云："毋侧听，毋噭（jiào，大声呼喊）应，毋淫视，毋怠荒，游毋倨，立毋跛（bǒ，单足倚立），坐毋箕（jī，形似簸箕），寝毋伏。敛发毋髢（dí，假发），冠毋免，劳毋袒（tǎn，裸露），暑毋褰（qiān，揭起）裳。"宋朝朱熹《童蒙须知》云："凡行步趋跄（qiāng，走路），须是端正，不可疾走跳踯（zhí，徘徊不进）。"古人不侧耳偷听别人说话，既是对别人的尊敬，也是自重的表现。在公众场合，不大声喧哗，不东张西望，不毫无拘束，既是自重，也是对别人的尊敬。中国人自古要求，站有站相，坐有坐相，睡有睡相。

古人讲行住坐卧的仪态要"立如松，行如风，坐如钟，卧如弓"，很有道理。一个人的行为是他修养和素质的外在体现。走路稳重，站立端正，说明他具有沉稳、正直、不慌乱、不毛躁的性格。作揖、礼拜、打招呼问讯别人时恭敬、谦和，说明他从内心深处尊重对方，使受礼者感到被尊敬，心生欢喜，所谓"小节显真诚"。

导行

2. 不在楼梯楼道追逐打闹。在路上要走人行道，靠右行，不要多人并排，要学会礼让。

3. 行住坐卧姿势要端正，不叉腰不抖腿，不叉双腿，不跷二郎腿。

范例——父母身教贵诚敬

有一个四岁的孩子，从小被爷爷、奶奶、姥姥、姥爷娇宠得很无礼。后来他的母亲觉得这样下去不得了，就把他送到一个学习传统文化的地方受教，目的是培养孩子的礼仪和德行。见到老师时这位母亲要孩子给老师鞠躬，孩子平时娇惯坏了，不肯鞠躬。母亲给老师鞠了几个躬，孩子还是不肯，后来孩子母亲觉得孩子这个错误不纠正以后会更难教，就打电话给孩子的父亲，让他马上过来。孩子的父亲过来后就一直在孩子面前给老师鞠躬，不知鞠了多少个，最后孩子"哇"的一声哭了出来，父母的身教令孩子的惭愧心生了出来，躬也鞠了下去。这个孩子懂礼之后，学习也进步很大。他生日那天，老师教导孩子说："每一个人的生日都是母亲的'受难日'，为人子女要记得报答母亲生养的恩德。"孩子说："老师，谢谢您的教诲！今年生日我不要蛋糕了，我要实现父母一个愿望，在新的一年里做一个父母期待的儿子！"

勿践阈　勿跛倚　勿箕踞　勿摇髀

解字

践阈（yù）：脚踩门槛（kǎn）。跛倚（bǒ yǐ）：身体靠在某物上斜站着。箕踞（jī jù）：叉着腿坐着，两腿张开像簸箕（bò jī）一样。髀（bì）：大腿。摇髀：就是坐在椅子上面，大腿一直抖动。

释义

进出门时，不要踩踏门槛；不要用一条腿支撑身体斜靠站立；蹲或坐时不要叉开双腿；更不要摇晃大腿。否则，就会显得没教养。

引申

《礼记·曲礼》云："大夫士出入君门，由阖（niè，古代门中央的短木）右，不践阈。凡与客人者，每门让于客，客至于寝门，则主人请入为席，然后出迎客。客固辞，主人肃客而入。"大夫和士出入国君的大门，应从右侧出入，不得践踏门槛。凡是与客人一起进屋内，每一道门都要让客人先入。到了主人寝室门口时，主人要自请先进去铺好坐席，再出来迎接客人进去。这时客人会坚辞推让，主人便应先行引领客人进去。

传统古建筑、农村院落及寺院里都有门槛，我们去这些地方，要遵循以上礼法。现代城市里楼房没有门槛了，但我们去别人家拜访，进门前要在门口的脚垫上蹭蹭脚上的灰尘再进门，这也是进门的礼节，主人见了也会因我们有礼法而心生欢喜。

导行

4. 进出门时不要踩门槛，站立时不靠在门框上。

5. 旅游时，要注意出行安全，遵时守纪，爱护文物、古迹；在国外旅游时，要遵守所在国的法律法规，尊重所在国宗教信仰、风俗习惯，要维护祖国的尊严。

范例——正直的李沆（hàng）

宋代名臣李沆，正直诚实，言行谨慎，秉性亮直，内行修谨，时称"圣相"。文学上，李沆以继承韩愈、柳宗元自许，倡导古文运动。

李沆非常注重身心的修养。举动一定合乎法度，李沆就是在家的时候，也整天坐得端端正正，根本不曾放纵地让身体歪歪斜斜的或者倚靠别的东西。

李沆做宰相的时候，屡次把四方的水灾旱灾和盗贼的事情上报朝廷，不向皇上隐瞒民间的痛苦，做粉饰太平、欺君瞒上的事情。

李沆担任宰相时，从来不向皇帝上密奏。有一次，宋真宗问李沆："大臣们人人都有密奏，爱卿独无，这是为什么呢？"李沆回答："我当宰相，公事就在朝廷公开奏对，还用密奏干什么呢？凡是密奏，不是诬陷别人，就是对上献媚，我一向厌恶这种做法，怎么能去效仿呢？"

每周学礼

本期主题：处世礼节

一、不要以诋毁或傲慢之心，谈论他人的短处或自己的长处。

二、家丑不外扬，自己家的事不要随便向外人说。

三、言语谨慎，见失意人不说得意话，见老年人不说哀丧话。

四、不侮辱人，不随意开玩笑。

五、在给予残疾人帮助的时候要格外恭敬，避免伤害他们的自尊心。

六、不贪图小便宜。

七、帮助别人不求回报，受人恩惠常存感激。

八、积极改正自己的错误，慈悲原谅他人的过失。

九、亲近贤德的人，即使很熟悉，也要保持不失恭敬心。

十、遇事要镇静，做不到的事，不要轻易答应。

 **拓展训练**

"照照我自己" —— 我美吗

让学生自己对着镜子，看看自己怎样最美。

一、适合自己的良好站姿。

二、适合自己的良好坐姿。

三、适合自己的良好行走姿态。

第 14 课

huǎn jiē lián　wù yǒu shēng　kuān zhuǎn wān　wù chù léng
缓 揭 帘　勿 有 声　宽 转 弯　勿 触 棱

zhí xū qì　rú zhí yíng　rù xū shì　rú yǒu rén
执 虚 器　如 执 盈　入 虚 室　如 有 人

shì wù máng　máng duō cuò　wù wèi nán　wù qīng lüè
事 勿 忙　忙 多 错　勿 畏 难　勿 轻 略

dòu nào chǎng　jué wù jìn　xié pì shì　jué wù wèn
斗 闹 场　绝 勿 近　邪 僻 事　绝 勿 问

缓揭帘　勿有声　宽转弯　勿触棱

释义

　　进入房间时，揭帘子、开门的动作都要轻一点、慢一些，不要造成过大的声响。行走转弯时角度要大一些，避免碰撞到物件的棱角，造成不必要的伤害。

引申

　　做任何事都要谨慎。从揭帘、开门、关门这些日常小事开始锻炼。宋朝朱熹《童蒙须知》云："凡开门揭帘，须徐徐轻手，不可令震惊声响。"现在大多数人居住楼房，大的响动可能会影响到左邻右舍。所以，尽量避免在晚上十点以后，大声说话或搬动物品。电视、音响的音量也要调小，以免妨碍他人休息。

导行

　　1. 开门关门时动作要轻，应为后面的人提供方便，不要用脚踢门，要注意后边人的安全。

2. 遇有转弯的地方，出行要小心，不要猛然转弯，尤其是手里拿着东西的时候更要小心，以免碰伤自己或他人。

范例——韩琦的玉杯

宋代名臣韩琦，少年时就中进士，官位显赫，任安抚使。他曾赈灾救活饥饿的人民一百九十多万，又救活因遭水灾而流浪的人口七百万。

有人献给韩琦两只玉杯，是绝世之宝，韩琦用一百两银子收为珍贵古玩。每逢宴请宾客，就将玉杯放在一张桌子上面，盖上锦缎。

有一天宴请漕运的官员，一个小差官不小心将桌子碰倒，两只玉杯一齐摔碎，全体赴宴人员大为惊愕，差官跪倒在地，请求赐死以谢罪。然而韩琦神色不变，笑着对客人说："大凡事物的成坏都是定数。"又对差官说："你的失误并不是故意的。"所有客人都对韩琦宽厚的德行和量度感叹佩服不已。

执虚器　如执盈　入虚室　如有人

解字

执：拿的意思。虚器：空的器皿（mǐn）。盈：满。

释义

手里拿着空的器具，要像拿着装满东西的器具一样小心。走进没有人的房间，要像进到有人的房间一样谨慎，不能随随便便。

引申

《礼记·曲礼》云："凡执主器，执轻如不克。"我们拿空的器具，要像拿着装满东西的器具一样小心。为什么？培养我们做事专心、谨慎的习惯。"入虚室，如有人"，到没有人的房间里随便翻动物品，这都是不尊重别人的表

现，也是检验一个人品德的标准之一。对于孩子我们尤其要教会他"慎独"。没有人的时候，更应该约束自己的行为，不起偷盗和放逸之心。正如《礼记·中庸》所教导："天命之谓性，率性之谓道，修道之谓教，道也者，不可须臾离也。可离，非道也，是故君子戒慎乎其所不睹，恐惧乎其所不闻，莫见乎隐，莫显乎微，故君子慎其独也。"

导行

3. 拿东西的时候，应轻拿轻放。

4. 自己独处的时候，要像在众人旁边一样谨慎有礼，这样才能约束我们的身心。

范例——不欺暗室

蘧（qú）伯玉是春秋时期卫国的大夫，是位非常讲究礼仪的人。有一天晚上，卫灵公和夫人在庭院中赏月，忽然听到有马车的声音，但经过工宫门口时，却没了动静。过了一会儿，车马声又在远处响了起来。原来，当时的礼节规定：大臣经过国君的门口要下车，以表示恭敬。蘧伯玉绝不因为这是晚上，没有人看见就废弃了礼节。从这件小事中，可以看到蘧伯玉的为人恭谨。

事勿忙　忙多错　勿畏难　勿轻略

解字

轻略：轻视，忽略。

释义

做事情不能匆忙、慌张，匆忙时最容易出现差错。不要畏惧困难，应该知难而进，也不要马虎草率。即使是小事，也要认真对待。

引申

明朝吕坤《续小儿语》云："事到延挨怕动，临时却凭慌忙，除却差错后悔，还落前件牵肠。"清朝李惺（xīng）《老学究语》云："但是当做的事，切莫畏难；任是难做的事，只要耐烦。"经典告诉我们做任何事情，都要掌握轻重缓急。不能等到时间非常紧迫的时候，才匆忙去做。不但做不好，还容易出错。为人父母要善于发现和抓住教导子女的机会，引导孩子养成"今日事，今日毕"的习惯。此外，要让孩子参与家务劳动。比如家里有客人来访，从擦桌子、摆碗筷、洗碗等生活细节开始，锻炼孩子的自理能力。不要出于爱惜孩子或因孩子功课繁多，而剥夺孩子参加劳动的权利。

导行

5. 观看比赛或文艺演出时，要提前入场，着装得体，语言文明，遵守公共秩序，不大声喧哗，不随地吐痰，不乱抛废弃物。观看文艺演出，要学会欣赏，适时鼓掌，演出结束后要鼓掌致谢。

6. 观看体育比赛，要学会为双方运动员鼓掌加油，尊重裁判，服从工作人员管理。

范例——欲速则不达

有一个人挑着橘（jú）子进城。天快黑了，他担心关闭城门之前赶不到，十分着急。这时，路遇一人。他便问能不能赶上进城。行人看他神情散乱便说：如果慢行或许赶得上。挑橘子的人听了很生气，认为行人是在开他玩笑。于是不加理会，加快脚步继续匆忙赶路。不料摔了一跤，橘子撒了一地。等他将橘子一个个装回筐中，天已经黑了。最终，没能进城。

斗闹场　绝勿近　邪僻事　绝勿问

解字

邪僻（xié pì）：不正当。

释义

不要接近打架嬉闹的场所。不要过问不正当、不合情理的事情。

引申

宋朝朱熹《童蒙须知》云："凡喧哄争斗之处，不可近。无益之事，不可为。谓如赌博、笼养、打球、踢球、放风禽等事。"凡是容易发生争吵打斗，或是色情、赌博、迷信的场所，我们都要回避。他们不利于我们身心的健康发展。对于那些荒诞、庸俗的事情，不要因为好奇去听去看，避免影响和污染我们的心灵。生命是有限的，我们要用有限的生命去做有意义的事情，提高自己的道德，进而帮助别人。清朝刘沅（yuán）《蒙训》告诫我们："后人学孔孟，须先仁义急。不忍为不良，不敢入邪僻，诚正始修齐，推诸天下一。"意思是：我们这些后人学习孔孟思想，必须先从"仁义"做起，不忍心做有损天良的事情，不敢学习歪门邪道的东西。从诚意、正心开始一直到修身、齐家，再推到国家和天下都是相同的道理。

导行

7. 要崇尚科学，不参加迷信活动，不浏览不健康的网络信息，不观看带有暴力和色情的影视。

范例——孟母三迁

战国的时候，伟大的大学问家孟子小的时候非常调皮，他的妈妈为了让他受好的教育，花了好多的心血呢！有一段时间，他们住在墓地旁边。孟子就和邻居的小孩一起学着大人跪拜、哭嚎的样子，玩起办理丧事的游戏。孟子的妈妈看到了，就皱起眉头："不行！我不能让我的孩子住在这里了！"孟子的妈妈就带着孟子搬到市集旁边去住。到了市集，孟子又和邻居的小孩，学起商人做生意的样子。一会儿鞠躬欢迎客人，一会儿招待客人，一会儿和客人讨价还价，表演得像极了！孟子的妈妈知道了，又皱皱眉头："这个地方也不适合我的孩子居住!"于是,他们又搬家了。这一次,他们搬到了学校附近。孟子开始变得守秩序、懂礼貌、喜欢读书。这个时候,孟子的妈妈很满意地点着头说:"这才是我儿子应该住的地方呀!"后来,大家就用"孟母三迁"来表示人应该要接近好的人、事、物,才能学习到好的习惯!

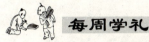 **每周学礼**

本期主题:处众礼仪

一、他人正谈话,不在中间插言。

二、两人对谈,不向中间穿走。

三、不高声喧哗扰乱他人视听。

四、不隔席谈话。

五、坐时不要翘起椅子。

六、衣帽不加于他人之衣帽上。

七、不向人喷水吐痰。

八、不向人呵欠、舒伸、喷嚏(tì)。

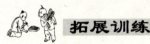 **拓展训练**

取物小练习

练习拿碗、杯子、盘子、锅子。先说明这些器具设计时的原理,再说明拿取碗盘时需要注意的事项。

一、拿碗注意事项

虎口张开,四指扣住碗底,拇指扣住碗沿(两手相同)。

二、拿杯子注意事项

(一)马克杯(有耳):食指、中指伸入耳中,无名指、小指扣住杯耳下方,拇指握住杯耳上方,另一手握住杯身。

（二）玻璃杯（无耳）：一手握住杯身，另一手托住杯底。

三、拿盘子注意事项

虎口张开，四指扣住盘底，拇指扣住盘沿（两手相同）。

四、拿锅子注意事项

（一）单把：双手握住把手，将锅子持平。

（二）双耳：两手握住锅子的耳朵。

讲解完后请学生实际演练，并结合上课的教学"步从容　立端正"，让学生拿到后面桌子后再拿回前面摆放。

第15课

jiāng rù mén	wèn shú cún	jiāng shàng táng	shēng bì yáng
将 入 门	问 孰 存	将 上 堂	声 必 扬

rén wèn shuí	duì yǐ míng	wú yǔ wǒ	bù fēn míng
人 问 谁	对 以 名	吾 与 我	不 分 明

yòng rén wù	xū míng qiú	tǎng bú wèn	jí wéi tōu
用 人 物	须 明 求	倘 不 问	即 为 偷

jiè rén wù	jí shí huán	hòu yǒu jí	jiè bù nán
借 人 物	及 时 还	后 有 急	借 不 难

将入门　问孰存　将上堂　声必扬

解字

孰：谁。存：在。上：进。堂：古代指正房。

释义

准备进入别人家时，应该先敲门，问一声：有人在吗？主人允许后才能进入。将要走进厅堂时，声音要提高一些，以便让里面的人知道有人来了。

引申

《礼记·曲礼》云："将适舍（shè，房间），求毋固。将上堂，声必扬。户外有二屦（jù，鞋子），言闻则入，言不闻则不入。将入户，视必下。入户奉扃（jiōng，门闩），视瞻毋回。户开亦开，户阖亦阖（hé，关闭）；有后入者，阖而勿遂。毋践屦，毋踖（jí，踩踏）席，抠衣趋隅。必慎唯诺。"要去别人家，凡有所求则不要强求。进屋之前，要出声提示。门外如果有两双鞋，能听见里面说

话声就进去，听不见声音就不要进去。迈进房间时，目光应向下（以免撞见人家的私事）。进到屋内时，双手要像捧着扃一般高举，眼睛不要四周探视。门原来开着就让它保持开着，若原来是关上的，进去后就要关上门；如果后面还有人要进来，那么只需做出关门的动作但不用把门关紧。不要踩在别人的鞋上，不要跨过别人的坐席，要提起衣裳到席的下角就座。谈话时，要谨慎应答。

这里不仅仅是指进别人家门、别人厅堂，在一家之中，子女进父母房间，父母进子女房间也要培养这种尊重别人的习惯。很多父母和子女之间沟通有障碍，就是因为不懂得互相理解和尊重，而尊重与否也许就是从叩门这些细节上体现出来的。每个人都渴望得到别人的尊重，而怎样才能获得别人的尊重呢？从点点滴滴对别人的尊重做起。

🌸 导行

1. 进入办公室要喊报告或敲门，经允许后，方可进入。去同学家，要事先预约，要按时到访。拜访时，要有礼貌，举止文雅，时间不宜过长。

🌸 范例——孟子休妻

一天，孟子的妻子独自一人在屋里，踞坐在地上休息。"踞坐"又叫"箕踞"，就是两腿像八字形一样分开蹲坐于地，这种坐姿在古代是非常不礼貌的。恰恰在这时，孟子突然回家，猛地看见妻子踞坐于地的样子，在那个极重视礼仪的古代，孟子心里便非常不满，就向母亲说："这个妇人不讲礼仪，请准许我把她休了。"

孟母便问道："什么原因？"

孟子说："她踞坐在地上。"言下之意是：如此放肆无礼地踞坐在地上，太不守妇道了。

孟母又问："你怎么知道的？"孟子答道："我亲眼看见的。"

孟母知道事情原委后，便说："这是你不讲礼仪，而不是妻子不讲礼仪。《礼记》上不是这样说，将要进门的时候，必须先问谁在屋里；将要进厅堂的时候，须先高声传扬，让里面的人知道；将进屋的时候，必须眼往下看，别打量人家没准备妥帖的样子。《礼记》之所以这样讲，为的就是不让人措手不及，无所防备。而今你到妻子闲居休息的地方去，进屋没有声响，人家不知道，因而让你看到了她踞坐在地上的样子。这是你不讲礼仪，而不是你的妻子不讲礼仪。"

孟子听了母亲的教导后，立刻认识到此事表面上是妻子不对，实际上是自己有错，于是便自责而不再去指责妻子了。

人问谁　对以名　吾与我　不分明

解字

吾：我，这是古人对自己的称呼。

释义

如果屋里的人问是谁时，要将自己的姓名清楚地告诉对方。如果只回答"我"或"是我"，对方未必能真正确定来访者是谁。

引申

电话等通信工具是现代人际交往中频繁使用的沟通工具。打电话时，要先告诉对方自己是谁，免得讲了许多话别人还不知道我们的身份。写信、发邮件、给老师寄贺卡都要写清楚自己的名字等相关信息。去拜访亲友，去写字楼拜访客户，按门铃通话时，也要告诉对方自己的身份、名字、来由，以便对方确认身份。

导行

2. 接打电话时，应先问候，再自报姓名，声音要清晰，语言要简练。使用公用电话时间不要过长。

范例——"盗"与"殴"

从前，有一户庄稼人，家有两个儿子。大儿子取名叫"盗"（即小偷），二

儿子取名叫"殴"（就是重打的意思）。有一天，"盗"拿着衣服去锄草。走到半路，他母亲偶然想起一件事要问"盗"，于是走出门口大喊儿子的名字："盗呀！盗呀！"正好此时有两个巡捕经过，听到有人喊"盗"，又见前面有人拿着衣服走，以为真的是小偷偷了衣服，于是不问情由，立刻追上去把"盗"抓住。"盗"的母亲看到儿子无缘无故被抓，知道完全是误会，非常着急，忙叫二儿子赶快去解释。因情急语乱，越急越叫不清楚，大叫"殴呀！殴呀！"巡捕以为失主叫重打小偷，因此重重地把"盗"打了一顿，"盗"几乎被打死。

用人物　须明求　倘不问　即为偷

解字

倘：如果。

释义

借用别人的物品，一定要明确地提出请求。如果没有征得同意，擅自取用就是偷窃的行为。

引申

这里也讲到一般人借物的习气：先取后询问。这是不礼貌的。"须"就是必须，借人物的时候，一定要先得到对方的允许，然后才可以取用。

我们在家、学校或单位，时时处处的言语行为，别人都看在眼里。做得好是好榜样，对别人有益。做得不好就是坏样子，既有损于自己的德行操守，又会对他人产生不好的影响。《弟子规》里的教诫和规范，可以普遍运用。同样，也可以对孩子随时随地进行引导教育。当然这在很大程度上，取决于家长和老师如何善巧地抓住机会，循循善诱了。

导行

3. 我们要爱护公物，损坏公物或他人物品时要赔偿。借人物品应及时归还，拾到东西要归还失主或交公。别人向你借东西时，应尽力相助。

范例—— 查（zhā）道送礼

宋朝有一个人叫查道，有一天，他带着仆人去拜访一个远房的亲戚。当然，上门拜访亲戚是要准备礼物的，所以，他准备了很多礼物。他让仆人挑着担子就去走亲戚。走着走着，也不知是迷路了还是走岔了，一直到中午还没到。两个人都感觉非常饿，饥肠辘辘。而在路边又找不到一个吃饭的地方，他们又没有准备午饭，怎么办呢？仆人就对老爷说："您看这一担子礼物，里面好多好吃的，要不您就从这些礼物里边先拿些东西充饥。"查道说："这怎么可以？这些东西是礼物，礼物就是送给别人的，我当初把它作为礼物了，这已经不是我的东西了，而是送给别人的东西，我怎么能够偷吃呢？"于是，两个人饿着肚子赶路。一直到了亲戚家，才接受款待，吃了一顿晚饭。也许有人认为，这个礼物是我买的，还没有送到别人手上，这难道可以算是别人的吗？但古人就这么认为，虽然不分明，但心里要有主见，就要知道它不是我的。社会上有些人，捡到东西，看到没有主人，就把它占为己有，在古人看来，就是偷。

借人物　及时还　后有急　借不难

释义

借他人的物品，要爱惜使用，并准时归还，不能拖延。以后若有急用，再借就不困难。

引申

宋朝朱熹《童蒙须知》云："凡借人文字，皆置簿钞录主名，及时取还。"凡是借人书籍，都应当用个本子抄录主家的名字，用完后及时归还。对方将自己的物品借给我们使用，急我们所急，给我们方便，对我们是有恩德的。我们应该言而有信，及时归还，并表示谢意。因为他们或许是在自己也需要的情况

下，体谅我们的缘故而礼让给我们。如果我们不能体念对方的这种恩德，借用后久而不还，就会辜负和伤害了对方乐于助人的热忱。如果不小心损坏了借来的物品，不可掩饰搪塞（táng sè，应付敷衍）。应该主动承认，表示歉意，或提出赔偿。对此，宋朝吕祖谦《辨志录》有云："凡借人书册器用，苟得己者，则不须借，若不获己，则须爱护过于己物。看用才毕，即便归还，切不可以借为名，意在没纳，及不加爱惜，至有损坏。大率豪气者于己物多不顾惜，借人物岂可亦如此？此非用豪气之所，乃无德之一端也。"

导行

4. 不要随意借用别人钱款。如遇特殊情况，事后要向父母说明情况，及时归还。

范例——宋濂（lián）借书

宋濂，明朝人。因家贫买不起书，常常借书来读。许多富人藏书多，但不愿相借。有一次，宋濂到一富人家借书，因为富人家不太愿意借书给他，所以，借书给宋濂的时候，明确提出十日内归还。可是十天根本读不完那本书。到了第十天的早晨，天下着大雪，宋濂冒着大雪把书送回来了。富人很感动，告诉宋濂以后可以随时来借书看，并且不再给他限定还书时间。

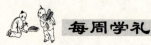 **每周学礼**

本期主题：手机使用礼仪

一、手机铃响，请在第一时间接起。

二、接打手机，先礼貌问好，报知姓名。

三、与人谈话时有重要来电，请说："对不起，我先接个电话。"

四、有礼貌地对待打错电话的人。

五、开车时不要接打手机。

六、在会场、医院、图书馆等场合需要静音或关机。

七、在公共场合接打手机，说话音量不宜过大。

八、手机要随身携带，如没有随身携带，回来后应及时复电、复信息并致歉。

九、手机应放在方便拿到的地方。

十、不直接去接别人的手机。

十一、铃声要与场合相适宜，音量不宜过大。

拓展训练

打电话小练习

如果你需要向同学借课堂笔记，请根据以下情境，模拟给同学打电话：

一、同学的爸爸妈妈接的电话。

二、同学自己接的电话，他正在吃饭。

三、同学自己还需要用课堂笔记。

第五章

信

释题

信为中国古八德之一。"信"由"人""言"构成，即讲话真实不欺才称为"信"。我国传统文化很重视"诚"和"信"，讲"言之以诚，行之以信"。孟子认为"自身确实具有善德称为'信'。"《墨子》中说"信，言合于意也"。可见，"诚"是"信"，"信"是"诚"。《中庸》里讲"诚者，物之始终"。

第16课

fán	chū	yán	xìn	wéi	xiān	zhà	yǔ	wàng	xī	kě	yān
凡	出	言	信	为	先	诈	与	妄	奚	可	焉
huà	shuō	duō	bù	rú	shǎo	wéi	qí	shì	wù	nìng	qiǎo
话	说	多	不	如	少	惟	其	是	勿	佞	巧
jiān	qiǎo	yǔ	huì	wū	cí	shì	jǐng	qì	qiè	jiè	zhī
奸	巧	语	秽	污	词	市	井	气	切	戒	之

凡出言 信为先 诈与妄 奚可焉

解字

诈：欺骗，说谎。妄：胡言乱语，荒诞不实。奚：怎么。焉：语气词。

释义

凡是说出的话，首先要真实不虚，讲求信用。说谎话骗人，胡言乱语，在社会上怎么能够行得通呢？

引申

《论语·为政》云："人而无信，不知其可也。大车无輗（ní，古代大车的必要部件），小车无軏（yuè，古代小车的必要部件），其何以行之哉？"《论语·阳货》云："子张问仁于孔子。孔子曰：'能行五者于天下为仁矣。'请问之。曰：'恭、宽、信、敏、惠。恭则不侮，宽则得众，信则人任焉，敏则有功，惠则足以使人。'"一个人不讲信用，是根本不可以的。就好像车缺少了必要的零部件一样，无法行走。而一个人，恭、宽、信、敏、惠，就做到仁。所以，君子言出必行。自己讲出来的话要用心实践，切实履行，对方会以此衡量我们

99

的人品德行。言行诚信不能分别对象，一定要童叟（sǒu，老人）无欺。古人不轻易许诺，是担心言出而行不果。而当今社会有些人为了自己的利益骗人，不择手段。面对激烈的竞争，很多人觉得讲真话、守诚信会上当受骗。但是，诚实的人也许会因为吃亏而坦然，虚伪的人可能会因为欺诈骗人而忐忑一生。

如果我们已经失信于人，还找种种借口和理由掩饰和搪塞，他人看到我们没有真诚心和惭愧心来承担言而无信的后果，只会对我们更加失望。勇于承担才不会将失信的后果继续恶化，才有机会救赎（shú）和弥补失信之过。谎言易破，非正当途径、方法所获取的财物也终究会散失殆（dài，几乎）尽。如此，徒留恶名，得不偿失。

导行

1. 举止要文明，与人谈话时不要用手指着对方，说话办事要诚实守信，答应他人的事要做到，做不到时要表示歉意。

2. 提倡说普通话，社交场合一定要用普通话交流。

范例——同窗践约

东汉时期，有这么一个故事，叫同窗践约。有两个人在洛阳读书，一个叫张劭（shào），一个叫范式，他们是一对好朋友，都在当时的都城读书。两个人学成后分别的那一天，张劭流着泪对他的好朋友范式说："今日一别不知何时才能相见。"范式安慰他说："张兄，你不要难过，两年后，中秋节的中午，我到你家来，与兄台见面，并且拜见令尊大人。"说完这两句话，两个同学各自回家。两年以后的中秋节，从早上开始，张劭就开始洗菜、做饭、准备好酒。他爸爸一看："哎，儿子，你这是干吗呢？平时没有那么好的菜啊。"张劭说："我在洛阳学习时的朋友说今年中秋节的中午要来看您，我准备招待他。"老人家说："他的家远在山阳，相隔几千里啊，两年前的一句话，今天还会来赴约吗？"张劭说："范兄是个讲信义的人，必定会来。"正在他们说话的时候，就看见村外的道路上尘土飞扬，一匹快马驮着范式来到他家门口，时间正好是中秋节的中午。很多年以后，张劭生病了，临死前，他对妻子说：

"把我们的孩子和我们的家事托付给范兄，范兄是一个可以托付的人。"后来，范式果然精心地为张劭办理了丧事，并且终其一生，细致入微地照顾张劭的孩子。这个故事在历史上传为美谈。

话说多　不如少　惟其是　勿佞巧

解字

惟：只求。是：真实。佞巧：逢迎讨好，花言巧语。

释义

无意义的话，说多不如说少。说的话要恰当在理，符合实际，千万不要花言巧语，否则就会令人讨厌。

引申

《论语·公冶长》云："或曰：'雍也，仁而不佞（nìng，善辩）。'子曰：'焉用佞？御人以口给（kǒu gěi，口才敏捷，能言善辩），屡憎于人，不知其仁。焉用佞？'"有人说："冉雍这个人有仁德但不善辩。"孔子说："靠伶牙俐齿和人辩论，常常招致别人的讨厌，这样的人我不知道他是不是做到仁，但何必要能言善辩呢？"孔子又说："三思而后行，三思而后言。"故言语要谨慎。《易经》里提到"吉人之辞寡，躁人之辞众"，就是说言语很少的人吉祥，因为他的心是平和、安静的，对所处的环境、所发生的事可以清楚明白地观察和处理，不容易出差错。急躁的人言语很多，滔滔不绝，他的内心不够安详自若，当一个人处于这种心境下很容易说错话，得罪人，没有沉稳的定力就容易有意无意犯下过失。

言为心声，眸为心语。对待身边的人，我们也可以依其话语和眼神来判断真伪。劝导别人的原则就是听完他的话之后，冷静地导引他自己去思考，去反省。

导行

3. 课堂发言要举手，不要随便抢话说。

4. 学会聆听他人的讲话，等他人把话说完，说清楚时，经过思考，再发言回应。

范例——堂溪公说（shuì，劝说）韩昭侯

有一位叫堂溪公的聪明人，自告奋勇到韩昭侯那里去，对韩昭侯说："假如这里有一只玉做的酒器，价值千金，它的中间是空的，没有底，它能盛水吗？"韩昭侯说："不能盛水。"堂溪公又说："有一只瓦罐子，很不值钱，但它不漏，你看，它能盛酒吗？"韩昭侯说："可以。"

于是，堂溪公因势利导，接着说："这就是一个瓦罐子，虽然值不了几文钱，非常卑贱，但因为它不漏，却可以用来装酒；而一个玉做的酒器，尽管它十分贵重，但由于它空而无底，因此连水都不能装，人们更不会将可口的饮料倒进里面去了。人也是一样，作为一个地位至尊举止至重的国君，如果经常泄露臣下商讨的有关国家的机密的话，那么他就好像一件没有底的玉器，即使是再有才干的人，如果他的机密总是被泄露出去，那他的计划就无法实施，因此就不能施展他的才干和谋略了。"

一番话说得韩昭侯恍然大悟，他连连点头说道："你的话真对，你的话真对。"

从此以后，凡是要采取重要措施，大臣们在一起密谋策划的计划方案，韩昭侯都小心对待，慎之又慎，连晚上睡觉都是独自一人，因为他担心自己在熟睡中说梦话会把计划和策略泄露给别人听见，以至于误了国家大事。

奸巧语 秽污词 市井气 切戒之

解字

奸巧：欺骗、不真实。秽污：下流、不干净。市井气：街市上出现的粗俗

102

习气，市井指街市。

释义

虚伪狡诈、尖酸刻薄、肮脏（āng zāng）不雅的话语词句，千万不要说。阿谀（ē yú，说话迎合）奉承等粗俗的社会习气，都要戒除。

引申

宋朝程端蒙《朱子论定程董学则》云："肃声气，毋轻、毋诞（dàn，放荡），毋戏谑、喧哗。毋论及乡里人物长短及市井鄙俚（bǐ lǐ，粗野，庸俗）无益之谈。"明朝屠羲时《童子礼》云："栉发（zhì fà，梳头），必使光整，勿散乱，但须敦尚朴雅，不得为市井浮薄之态。"而谚语讲："利刀割体痕易合，恶语伤人恨难消。"就是说被刀子割到身体，伤痕很容易愈合；如果我们用不好的言语去伤害别人，往往让人一生都觉得非常痛苦。若能常想"己所不欲，勿施于人"的道理，自然话到嘴边更三思。无论父母师长不经意间的粗口恶语，还是同学之间乱起绰号都是"秽污词"，都不应当，我们都应躬身自省。

从"凡出言"到"奸巧语，秽污词"，可以说是一般人经常会犯的毛病，所以要切实地纠正。学习《弟子规》也是摒除自己的坏习气，长养德行的过程。

导行

5. 说话要文明礼貌，不说粗言恶语，不能用污秽的言辞来骂人。
6. 要戒除粗俗的习气。

范例——李廷机教弟

明朝时期，李廷机做了朝中的大学士。他的弟弟原来只是一个普普通通的百姓，自从听说哥哥做了大官，就从家里来到京城，而且，还换掉了以前的土布衣裳，穿了一身崭新的衣服，又戴了一顶新帽子。

当他去拜见哥哥时，李廷机十分亲热，他忽然看见弟弟的方巾和衣服，他

觉得很奇怪，就问："你是不是已经进了学士，中了秀才啦?"

他的弟弟回答道："没有。"

李廷机便直接问："你原来的方巾和衣服呢?"

弟弟如实回答："收起来了。"

李廷机笑着对弟弟说："你还是穿上原来的衣服吧，不要学别人那些虚荣、浮华的市井之气。"

弟弟听后，觉得哥哥的话说得很有道理，立刻把衣服、帽子都换了下来。

 **每周学礼**

本期主题：访人礼节（一）

一、拜访时先站在门外轻轻敲门，主人允许方可进入。

二、屋内有其他客人时，主人须作介绍，客人互相行礼，告辞时也应如此。

三、看到对方还有客人，自己不可久坐。事情涉及个人隐私等问题，须请主人另择他处述说。

四、坐谈时见有他客来，即辞出。

五、坐立必正，不偷听，不喧哗。

六、不携带动物拜访他人。

七、主人室内之信件文书，概不取看。

八、应答谦恭有礼，目不旁鹜（wù）。

九、进入别人房间时，不要东张西望。

十、进出房门时保持原有开关状态。

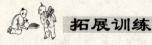 **拓展训练**

存好心、说好话、行好事训练

一、学习和背诵"八荣八耻"。

八荣八耻

以热爱祖国为荣，以危害祖国为耻。

以服务人民为荣，以背离人民为耻。

以崇尚科学为荣，以愚昧无知为耻。

以辛勤劳动为荣，以好逸恶劳为耻。

以团结互助为荣，以损人利己为耻。

以诚实守信为荣，以见利忘义为耻。

以遵纪守法为荣，以违法乱纪为耻。

以艰苦奋斗为荣，以骄奢淫逸为耻。

二、请每一位学生与家长到台前对着大家说一句好话。

三、请学生列举在日常生活中可以做哪些好事帮助别人。

第17课

jiàn	wèi	zhēn	wù	qīng	yán	zhī	wèi	dì	wù	qīng	chuán
见	未	真	勿	轻	言	知	未	的	勿	轻	传

shì	fēi	yí	wù	qīng	nuò	gǒu	qīng	nuò	jìn	tuì	cuò
事	非	宜	勿	轻	诺	苟	轻	诺	进	退	错

fán	dào	zì	zhòng	qiě	shū	wù	jí	jí	wù	mó	hū
凡	道	字	重	且	舒	勿	急	疾	勿	模	糊

bǐ	shuō	cháng	cǐ	shuō	duǎn	bù	guān	jǐ	mò	xián	guǎn
彼	说	长	此	说	短	不	关	己	莫	闲	管

见未真 勿轻言 知未的 勿轻传

解字

见：看到，也做见解讲。未的：就是对真相不是很明了。的：确实、准确。轻：轻易，随便。

释义

对于看到的事情未能清楚了知前因后果，或者自己的见解不够明确和清楚的时候，不随便乱说，不轻易发表意见；自己知道的或听来的事情没有根据，不随便传播，以免造成不良后果。

引申

清朝石成金《传家宝·言语》云："言出来时不可轻，轻言动辄取人嗔。寻常应对须从实，亲厚相谈悉要真。"《论语·阳货》云："子曰：'道听而涂说，德之弃也。'"说话的时候不要轻慢，否则会让听者不悦。在路上听到传

106

言就到处去传播，这是道德所唾弃的。流言蜚语，小则毁人声誉，大则破坏团结和睦。所以，讲话之前一定要想一想，会不会毁谤对方？会不会破坏和谐的关系？会不会影响国家声誉，扰乱社会人心？谣言止于智者，不要被谣言所利用。"见未真，勿轻言"，老师和家长对于学问、经典不够透彻明白的，也不能胡乱教导孩子，以免误人子弟。

导行

1. 当看到的事情没有弄清楚时，不要传说，不要乱说。如果听来的事情没有根据时，更不能随意传播。

范例——苏东坡的菊花诗

有一天，苏东坡到丞相王安石的府上去拜访，当时王安石正忙着去接待别的客人。于是，家里的仆人就引导苏东坡到书房里先坐一下，等王安石忙完了，再过来相见。苏东坡在王安石的书房里等得挺无聊，就跑到书桌前看看。他发现王安石的书桌上有一张纸，纸上有一首还没写完的诗，里面有两句：昨夜西风入园林，吹落黄花满地金。意思是昨天晚上，西风吹到了我的园林里，把菊花全部吹落在地，一片金色。

苏东坡读完以后哈哈大笑，说你这叫什么诗，堂堂一个丞相，又是一代大文豪，连季节都没搞明白。秋天是菊花盛开的时节，怎么会有菊花落下来呢？所以，苏东坡就拿起笔写了后两句：秋花不比春花落，说与诗人仔细吟。意思是：菊花和别的花不一样，秋天不掉的，你这位诗人啊！想明白了再吟诗吧。写完之后，笔一扔，走了。

过了不久，苏东坡犯事了，被贬为黄州团练副使。到了这个地方，有一年的秋天，他推门一看，突然发现自己花园里边的菊花被风吹落满地，一片金色。苏东坡大惊：菊花秋天怎么会落呢？

"见未真，知未的。"你看到的只是一部分菊花，你了解的也只是一部分菊花，天底下的菊花，真有秋天会落的。再有学问的人，如果不注意、不慎重，也会犯错误。

事非宜　勿轻诺　苟轻诺　进退错

解字

诺：许诺，承诺。宜：适当，符合义理。苟：假如，如果。

释义

对于不合义理、自己认为不妥当、没有能力把握的事情，不要随便答应别人。假如轻易许诺，就会陷入进退两难的境地。

引申

老子《道德经》云："天下难事，必作于易，天下大事，必作于细。是以圣人终不为大，故能成其大。夫轻诺必寡信，多易必多难。是以圣人犹难之，故终无难矣。"《论语·子路》云："言必信，行必果。"家长对于孩子合理的要求可以答应，不合理的坚决不能纵容。如果家长对孩子不分是非对错，统统有求必应，就会增长孩子的贪心等不良习气，危害很大。教育孩子，进退拿捏要有分寸和标准，这个标准就是依照圣贤教诲来智慧把握。对于孩子的要求，一定要看是否有助于其身心的健康成长，是否违反为人处世的礼法，是否损害别人的利益，等等。老师和家长答应别人（当然包括孩子）的事要说到做到，没有能力或不适宜答应别人的事不轻易许诺，许诺没有做到就有失诚信，有损德行，所谓"轻诺必寡信"。

导行

2. 不说伤害别人感情的话，不翻阅他人的信件日记、电子信息，不议论别人的短处。

3. 要学会分辨是非。别人要你做的事，如果不对不要答应，还应该耐心规劝他不要去做；不适合自己做的事情，不要答应。

范例——王朗救人

《世说新语》中有一个叫华歆（xīn）的人，当时国家大乱，各地战火纷飞，华歆要逃难，同行的还有他的一个同伴叫王朗，两人一起坐船避难。本来船就很小，又装了很多东西，后面还有追兵，这时候有一位陌生人突然过来说："救救我，捎我一把，让我也坐你们的船逃跑吧。"华歆很为难，船太小了，他们自己还想快点逃走。所以，华歆就拒绝了这个人的请求，说："我带不了你，你还是自己保佑自己吧。"但是，旁边的王朗说："唉，华歆啊，船虽然小了点，不是还可以挤一个人吗？也不会沉没，你还是让他上来吧，咱们积点德，行点善，能帮一个人也算做点好事。"华歆这么一听，就没有继续反对，这个陌生人就上了船。

船上很挤很重，船速当然就慢了，就在这个当口，后面的追兵已经赶上来了。王朗慌了，就跟这个陌生人说："哥们儿，我们管不了你了，要么你跳河里，要么我们靠岸，你自己走。"这时候华歆说："不行，我当初之所以不敢答应他，不敢承诺带他走，就是怕后面的追兵赶上来。但是现在，我们已经答应他了，已经承诺他了，就不能因为危难把他抛下，我们现在必须带着他一起走。"这个故事在当时传为美谈。

凡道字　重且舒　勿急疾　勿模糊

解字

道：说。重：响亮，清楚。舒：舒缓流畅。急疾：快而急躁。

释义

说话的时候，吐字要清楚，舒缓而流畅。不能说得太急太快，也不能说得含糊不清，让人听不明白。

引申

五代南唐《祖堂集》云："大凡出言吐气，不可和泥合水去也。"《礼记·

109

曲礼上》云："勿不敬，俨若思，安定辞，安民哉。"说话时要温和，徐缓，言辞要确定。同人讲话，要言辞清楚，意思明确，不急不躁，自然流畅。不怕慢，就怕乱。不急躁，心就容易安定下来，考虑问题、叙说事情就有章法，容易把自己的意思完整地表达出来，让人听得清楚，听得明白。这细微的地方体现着一个人的修养和对人的尊重。

在读诵经典时，要注意节奏。尤其是跟大家一起读诵时，如果自己速度过快或过慢，都会影响整体效果。对于圣贤的语言，当我们以恭敬心去读诵时，心就会安定，就能感受到圣贤的语言字字珠玑，微妙香洁，自己会有更大的受用。如果我们始终保持一种恭敬心、感恩心读诵和表达，就能与圣贤教诲通达相应，获得真实的益处，别人也能从中感受到我们的修养，进而砥砺自己不断进步。

导行

4. 说话的声音要适中。在公共场合，特别是图书馆要保持安静，不要叫嚷吵闹。

范例——一字之差误战机

沁阳位于河南省西北部，北依太行，南眺黄河，西邻山西省。

泌阳位于河南省南部，驻马店市西部，南阳盆地东隅。境内伏牛山与大别山两大山脉交汇。

两个地方均在河南省境内，而且均属于山区或浅山区，可是二者所处地理方位一南一北，相距千里之遥。然而，两个地方名字的书写虽仅有一撇之差，为此，却改变了当年倒蒋浪潮中的中原大战的战局。

1930 年 5 月初，蒋介石与冯玉祥、阎锡山大战中原，双方共投入了 100 多万兵力。冯阎为了联合讨蒋，预先商定双方军队在河南北部的沁阳会师，集中兵力一举歼灭驻守河南的蒋军。但是，由于冯玉祥的作战参谋在拟定作战命令时，错把"沁阳"写成了"泌阳"。一撇之差，使冯军挥戈南下误入泌阳，导致会师泡汤，贻误了聚歼蒋军的有利战机，使蒋军化险为夷，取得了主动权。

"沁"字心上多一撇变成了"泌"字，加一毫厘，谬以千里，最终导致冯阎联军的败北。

彼说长　此说短　不关己　莫闲管

释义

东家说长，西家道短，别人的是非很难弄清楚，与自己的正经事没有关系的，不要去多管。否则，不但扰乱了别人，也有损自己的德行。

引申

清朝石成金《传家宝》云："但有严父必出好子。'严'之一字，不是只在朝打暮骂，须要事事指引他，但不许他放肆非为……但凡无益的闲书不许他看，但凡无益的闲事不许他管。"俗语说："莫说他人短与长，说来说去自遭殃。若能闭口深藏舌，便是修身第一方。"有些人看到"不关己，莫闲管"会质问："你看《弟子规》里这句话不是在教人自私消极吗？"我们要理解它的真正意思，这里的"不关己，莫闲管"是指遇到那些无益之事、是非之事，要远离。不是说别人有困难，需要我们帮助的时候也袖手旁观，无动于衷，"事不关己，高高挂起"。

导行

5. 不要参加没有意义的闲聊。

6. 对于身心和德行没有益处的事情，不要去打听。

7. 不要围观那些无聊的事件。

范例——三年不窥（kuī，看）园

西汉时期，董仲舒为了潜心学习，整天钻在书房里，什么事情也不过问，吃的、穿的也不讲究。据说在他家的旁边有一个菜园，但是他由于学习过于认

真，有三年的时间竟没有踏进过那个菜园一步。所以后人说他"不窥园中菜"。董仲舒后来成为我国古代著名的思想家，这和他专心学习、不为杂事所累的精神是分不开的。他对孔子所创立的儒家思想体系的延续和发展，作出了杰出贡献。所以，我们重要的是要做好自己的事情，不要整天东家长西家短地拨弄是非，这样于人于己都没有好处。

本期主题：访人礼节（二）

一、主人频繁打哈欠或看钟表，即须告辞。

二、在吃饭或休息时间（如睡觉），不登门造访。

三、拜见尊长时应先行鞠躬礼，然后就座；告辞时也应如此。

四、与尊长及妇女行握手礼时，应待其先伸手，然后恭敬地与其握手。

五、拜访时，须先问清主人是否有事，不可久坐闲谈。

六、访人须预先通知。

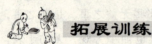

言语小练习

一、和同学交换自己的一篇作文，相互帮忙修改错别字。

二、朗诵练习。在老师的指导下，选择一篇文章或诗词，标出重音、停顿等符号，按照言语的韵律朗读，并请老师和同学品评。

第18课

jiàn	rén	shàn	jí	sī	qí	zòng	qù	yuǎn	yǐ	jiàn	jī
见	人	善	即	思	齐	纵	去	远	以	渐	跻

jiàn	rén	è	jí	nèi	xǐng	yǒu	zé	gǎi	wú	jiā	jǐng
见	人	恶	即	内	省	有	则	改	无	加	警

wéi	dé	xué	wéi	cái	yì	bù	rú	rén	dāng	zì	lì
唯	德	学	唯	才	艺	不	如	人	当	自	砺

ruò	yī	fú	ruò	yǐn	shí	bù	rú	rén	wù	shēng	qī
若	衣	服	若	饮	食	不	如	人	勿	生	戚

见人善　即思齐　纵去远　以渐跻

解字

善：好的一面。即：马上。齐：看齐，赶上。纵：即使。去：离，相差。跻：登，上升，引申为赶上，提高。

释义

看见他人的优点或善行义举，要立刻想到学习并向他看齐，即使现在和他差距很大，通过努力也是可以逐渐赶上的。

引申

《论语·里仁》云："子曰：'见贤思齐焉，见不贤而内自省（xǐng，检查）也。'"《管子·弟子职》云："温恭自虚，所受是极。见善从之，闻义则服。"在这里，我们要把什么是"善"搞清楚，否则有可能给后面的"思齐"造成方向性的错误。无疑，《弟子规》是善的一个参照标准。利益别人、成人之美、救人危难、爱惜物命这些都是善。是不是善也要看存心，比如父母师长

为了达到教育孩子改过的目的，对孩子进行了惩罚，虽然形式上看起来严厉了些，但实质是为孩子长远的未来着想。生活中类似于这样的事情也会很多，我们要善于分辨，才能正确对待。

导行

1. "三人行，必有我师。"要善于发现、学习他人的优点和长处，做到取长补短。

范例——宰相的自责

吕文懿（yì）是明朝宰相，晚年辞官。返乡路上遇到一醉汉躺在路中，下属欲驱赶醉汉，宰相心存仁厚，不想跟醉汉一般见识，就绕道而行。可没过多久听说这个醉汉因狂妄恣为被处死刑。这时宰相得知此事很自责：想到自己当初对待醉汉的行为处理失当，如果当时把醉汉送官府予以惩戒，或许他此后不敢任意恣为，也不至于落得如此下场。所以善也要有原则，看到别人有过错应当提示他，不能姑息。

见人恶　即内省　有则改　无加警

解字

恶：过失、缺点、错误。省：反省。警：警惕。

释义

看见别人的缺点或不良行为，要反躬自省，检讨自己是否也有这些缺失，有则改之，无则加勉。

引申

宋朝陈淳（chún）《经学启蒙》引孔子的话说："信道笃，执德弘。见不善，如探汤。"教导我们见到不好的人或事，就像用手试探开水一样急忙避开。孔子说："三人行，必有我师焉。择其善者而从之，其不善者而改之。"意思是：三个人同行，其中必定有我的老师。选择善的方面向他学习，看到不善就对照自己并改正。这句话包含了两个方面：一方面，择善而从，见善则学，是虚心好学的精神；另一方面，见人不善引以为戒，反省自己，是自觉修养的精神。看到别人有过错，我们先不要责怪，而是想办法帮他妥善处理残局。对方有了过错会很自责，看到我们的真诚会心生惭愧，也会更认真地反省和改过。如果我们大家都能够"见善如不及，见不善如探汤"，策勉自己，社会风气也会因为大家的努力而逐渐得到改善。

导行

2. 看到别人不好的行为习惯，应该委婉地劝人改正。而且还要反思自己有没有这样的习惯，做到"有诸己而后求诸人，无诸己而后非诸人"。

范例——李世民焚烧迷楼

传说隋炀（yáng，无礼而致众叛亲离之意）帝为享乐在扬州修建了"迷楼"。这座楼结构复杂，幽深曲折，人们进去后往往走不出来，故名为迷楼。隋炀帝被杀后，李世民提兵至扬州，寻访炀帝灵柩，仍用帝王之礼，葬于雷塘。李世民见到迷楼繁华奢侈，大吃一惊，说："此皆小民脂膏所为，何可令后世人见？"就命令举火焚之，大火经月不息。后来，李世民做了皇帝，他躬行节俭，痛除炀帝之习，建立了大唐盛世。

唯德学 唯才艺 不如人 当自砺

解字

唯：只有。德学：道德学问。砺：磨砺，勉励。

释义

自身道德、学问、才能和技艺的培养很重要。如果这些方面不如别人，就

要不断勉励自己，尽力赶上。

引申

德学才艺之中，德为首，有德行的人就有服众的人格魅力。从古至今，许多贤明君王都是以德治国。贤士也都是先修正自身，培养德行。德包括哪些呢？孝、悌、忠、信、礼、义、廉、耻是为八德。德的根本是什么呢？孝！所以古代有"举孝廉"的官吏选拔制度，从孝子中选拔人才。因为有孝心的人懂得为人的根本，根本正直，为君为官不会偏差。春秋时期的思想家管仲也提倡以德治国，他说："礼、义、廉、耻，国之四维；四维不张，国乃灭亡。"管仲所说的道德就是国之四维：礼、义、廉、耻。管仲认为，有礼，人们就不会超越应守的规矩；有义，就不会妄自尊大；有廉，就不会掩饰过错；有耻，就不会屈从坏人。

导行

3. 如果看到别人在德行才艺方面优于自己，应该随喜赞叹、见贤思齐。

范例——叶天士学艺

清朝有一个名医叫叶天士。有一次，一位上京应考的举人，经过苏州时觉得不舒服，就请叶天士去看。叶天士一看，就问他："你怎么了？"那个举人就说："我身上都很好，没有哪里不舒服，但是我每天都口渴，我不停地想喝水，很长时间了。"叶天士给他一检查说："我劝你别去赶考，你内热太重，得了消渴症，不出百天必不可救。再过一百天就完了，我也治不好你，你就别去考试了。"这位举人一听，那么有名的大夫跟我说，我的命只有一百天了，他突然想通了。怎么想通了？我既然没几天活头了，那我就更应该去考试，博一个功名，也算是给自己和家人有个交代，所以他坚持去赴考。

走到镇江，他碰到一个老和尚，老和尚也懂医术，一看就知道他得了消渴症。于是，劝他："你有这病，没什么办法，但是你愿意不愿意相信我？"这个举子一听："这也没什么信不信，叶天士都说我命不过百天，那我就听你的。"老和尚跟他说："你每天吃梨，口渴了你吃梨，饿了你也吃梨，坚持吃一百天。"这个举子就坚持吃了一百天的梨，果然一路平安无事，而且一下考中了进士。等他回来的时候，衣锦还乡，碰到了叶天士。叶天士晕倒了，因为他是一个名医，说话都很灵验的，怎么看你得意扬扬容光焕发地回来了？他觉得很惊讶。

这个举子就把自己的奇遇告诉了他。叶天士一听，在镇江有这么一个和尚，他一定有过人之处。他就把自己打扮成一个乞丐，改名为张小三，跑到庙里要拜这个老和尚为师。每天起早摸黑，为这个老和尚挑水砍柴。老和尚一看这个小伙子很勤奋，很喜欢他。每当有人来看病的时候，他都带着这个张小三，让他在旁边看着。在那待了三年，叶天士把这个老和尚的医术都学到手了。这个老和尚就说："张小三，你跟了我三年，你现在可以回去了。凭你现在的医术，你已经超过江南的叶天士了。"叶天士一听，立即下跪拜师："大师，我就是叶天士。"

若衣服　若饮食　不如人　勿生戚

解字

若：如果，假如。戚：忧愁，悲伤，引申为自卑、难过。

释义

如果吃的、穿的不如别人，用不着忧愁悲伤。这不是什么不光彩的事，因为做人最重要的是品德的修养。

引申

《论语·雍也》云："子曰：'贤哉回也，一箪（dān，古代盛饭的圆竹器）食，一瓢饮，在陋巷，人不堪其忧，回也不改其乐。贤哉回也。'"孔子说："颜回的品质是多么高尚啊！一箪饭，一瓢水，住在简陋的小屋里，别人都忍受不了这种穷困清苦，颜回却没有改变他好学的乐趣。颜回的品质是多么

高尚啊!"现代社会,物欲横流,很多人都被这些浮华的东西所迷惑,不仅是大人,很多学生和孩子也被这种风气所熏染,盲目攀比,甚至有些孩子为了虚荣心还走上了犯罪的道路。这是因为有些人认为金钱是最重要的。其实不然,高贵的人格才是最重要的。而高贵的人格不需要华丽的装饰,它是一种简约、从容、淡定、仁爱。因此,作为家长和老师,需从自身做起,有意识地给孩子一种勤俭的美德教育,让他们树立起节俭的观念。

导行

4. 热爱劳动,认真负责班级的值日工作,力所能及地帮助父母做家务事。

5. 生活上要节俭朴素,不在吃穿上攀比,学习颜子的箪食瓢饮在陋巷的生活精神。

范例——李师古贿赂杜黄裳

唐朝节度使李师古专横(hèng,凶暴)暴戾(lì,残忍),欺上压下,但是对宰相杜黄裳却有所顾忌,不敢无礼,他命令一个能干的差人,准备了几千贯钱和一辆价值上千贯的车子,送给杜黄裳。这个差人没敢立即送去,而是先到杜黄裳家的门外观察了几天,一次他看到从宅院里抬出一顶绿色的轿子,后面跟了两个穿着破旧的黑色衣服的婢女。他问旁边的人轿子里是什么人?旁边的人告诉他是宰相夫人,差人急忙回去,将情况告诉了李师古。于是李师古放弃了贿赂杜黄裳的计划,终生不敢对杜黄裳失礼。

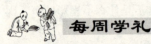 每周学礼

本期主题:待客礼仪

一、准备:整理房间,整饰衣着,备齐用品,提前等候。

二、迎客:热情迎接问候,让进屋内;若有他人在场,应予相互介绍。

三、客人进门时,可接过其衣帽、雨具或示意放置位置,但不要去接客人的手提包。不可穿着睡衣接待客人。

四、待客：先请客人落座，主人后坐下；送上饮品或点心；专注交谈，不宜不停起身，或一边看电视一边交谈，或经常暗示时间。

五、送客：起身相送，一般应送到电梯口、楼下或大门口。应挥手致意，目送客人离去。

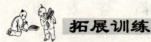

拓展训练

内省的小练习

一、每天休息前，反省自己是否完成了今天的计划，是否按《弟子规》的要求接人待物。

二、每天在静坐的时候观察一下自己一天是否获得成长。

三、写反省日记。

第19课

wén	guò	nù	wén	yù	lè	sǔn	yǒu	lái	yì	yǒu	què
闻	过	怒	闻	誉	乐	损	友	来	益	友	却

wén	yù	kǒng	wén	guò	xīn	zhí	liàng	shì	jiàn	xiāng	qīn
闻	誉	恐	闻	过	欣	直	谅	士	渐	相	亲

wú	xīn	fēi	míng	wéi	cuò	yǒu	xīn	fēi	míng	wéi	è
无	心	非	名	为	错	有	心	非	名	为	恶

guò	néng	gǎi	guī	yú	wú	tǎng	yǎn	shì	zēng	yì	gū
过	能	改	归	于	无	倘	掩	饰	增	一	辜

闻过怒　闻誉乐　损友来　益友却

解字

闻：听到，听见。过：过错，不对的地方。誉：赞扬。损友：有害自己德行的朋友。益友：真诚有益的朋友。却：退，远离。

释义

如果听到别人说自己的过失、缺点就生气，听到别人的称赞、恭维就欢喜，那么有损自己德行的朋友就会越来越多，而真诚有益的朋友就会远离了。

引申

隋朝王通《中说》云："文中子曰：'闻谤而怒者，谗之由也。见赞誉而喜者，佞（nìng，谄媚）之媒也。'"要知道，缺点和过错就像我们的眉毛，虽然离眼睛方寸之间，但眼睛却很难看到它。必须依靠镜子，才能看清它。有德行的老师、同学就是我们人生的镜子，可以帮助我们看清自己的过错和习气。这些过错和习气累积起来就会败坏我们的道德和前程，如果我们不能够以豁达、谦恭的心态接纳并改正，那么无论是学业、事业、还是道业，都将很难成就。

比如说，别人告诉我们脸上粘了个脏东西，我们要不要把脏东西去掉呢？肯定会！并且还会向人家致谢！因为脏东西影响我们的形象。同理，别人指出我们的过错和缺点，比告诉我们脸上有脏东西更有恩德，因为这是帮助我们剔除心行上的杂染，长养我们立身处世的品德，对我们的利益更大，是在成就我们。所以无论这个人是我们的父母师长、同学、同事乃至晚辈和素不相识的人，都是我们生命中的贵人，都应该心怀感恩。

范例——爱听好话的国君

春秋时虢（guó，古代诸侯国名）国的国君平日里只爱听好话，听不得反面的意见，在他的身边围满了只会阿谀奉承而不会治国的小人，直至有一天虢国亡国。那一群误国之臣也一个个作鸟兽散，没有一个人愿意顾及国君，虢国的国君总算侥幸地跟着一个车夫逃了出来。

车夫驾着马车，载着虢国国君逃到荒郊野外，国君又渴又饿垂头丧气，车夫赶紧取过车上的食品袋，送上清酒、肉脯和干粮，让国君吃喝。国君感到奇怪，车夫哪来的这些食物呢？于是他在吃饱喝足后，便擦擦嘴问车夫："你从哪里弄来这些东西呢？"

车夫回答说："我事先准备好的。"

国君又问："你为什么会事先作好这些准备呢？"

车夫回答说："我是专替大王您作的准备，以便在逃亡的路上好充饥、解渴呀。"

国君不高兴地又问："你知道我会有逃亡的这一天吗？"

车夫回答说："是的，我估计迟早会有这一天。"

国君生气了，不满地说："既然这样，为什么过去不早点告诉我？"车夫说："您只喜欢听奉承的话。如果是提意见的话，哪怕再有道理您也不爱听。我要给您提意见，您一定听不进去，说不定还会把我处死。要是那样，您今天便会连一个跟随的人也没有，更不用说谁来给您吃的喝的了。"国君听到这里，气愤至极，紫涨着脸指着车夫大声吼叫。

车夫见状，知道这个昏君真是无可救药，死到临头还不知悔改。于是连忙谢罪说："大王息怒，是我说错了。"

两人都不说话，马车走了一程，国君又开口问道："你说，我到底为什么会亡国而逃呢？"

车夫这次只好改口说："是因为大王您太仁慈贤明了。"

国君很感兴趣地接着问："为什么仁慈贤明的国君不能在家享受快乐，过安定的日子，却要逃亡在外呢？"

车夫说："除了大王您是个贤明的人外，其他所有的国君都不是好人，他们嫉妒您，才造成您逃亡在外的。"

国君听了，心里舒服极了，一边坐靠在车前的横木上，一边美滋滋地自言自语说："唉，难道贤明的君主就该如此受苦吗？"他头脑里一片昏昏沉沉，十分困乏地枕着车夫的腿睡着了。

这时，车夫总算是彻底看清了这个昏庸无能的虢国的国君，他觉得跟随这个人太不值得。于是车夫慢慢从国君头下抽出自己的腿，换一个石头给他枕上，然后离开国君，头也不回地走了。最后，这位亡国之君死在了荒郊野外，被野兽吃掉了。

闻誉恐　闻过欣　直谅士　渐相亲

解字

恐：不安。欣：愉快。直谅：正直诚信。语出《论语·季氏》云："益者三友，损者三友。友直，友谅，友多闻，益矣。友便辟，友善柔，友便佞，损矣。"意思是有益的朋友有三种，有害的朋友有三种。结交正直的朋友、诚信的朋友、知识广博的朋友，是有益的。结交谄媚逢迎、表面奉承背后诽谤、花言巧语的人，是有害的。"士"是古时对有品德、有学识人的尊称。"亲"是亲近，接近。

释义

听到别人称赞和恭维自己而惶恐不安，担心做得不好而继续努力。听到别人指出自己的过错，不但不生气，反而能以感恩心欢喜接受。有则改之，无则加勉。那么，正直诚信的良师益友就会越来越多。

引申

《孟子·公孙丑上》云："孟子曰：'子路，人告之以有过，则喜；禹闻善言，则拜。'"《论语·子罕》云："子曰：'法语之言，能无从乎？改之为贵！巽（xùn，恭顺，谦逊）与之言，能无说乎？绎（yì，梳理）之为贵！说而不绎，从而不改，吾末如之何也已矣！'"合乎情理的话，能不照着做吗？改了就很可贵！恭维自己的话听了能不高兴吗？贵在要对这些话加以分析！听到别人恭维自己只知道高兴而不加以分析，对别人批评自己表面上说改正实际上却还老样子照旧，我不知道对这种人该怎么办了！

听到赞美要感到不安，因为这时候我们的傲慢心往往容易生起来。内心要明白：别人的赞美是在鼓励、鞭策自己做得更出色！面对赞誉不要沾沾自喜，没有众多善缘的合力，自己不可能有成就！听到别人批评自己的过错，要生欢喜心，因为自己遇到良师益友了。善知识者明察秋毫地指出我们的不足，是帮助我们进步，使得我们在人生道路上走得更通畅，因此要对良师益友生起无限的感恩心！

我们指正别人的过错也要有智慧：一要和颜悦色，不要让对方觉得我们在挑毛病；二要注意时间场合，有众人在场不宜指责别人的过失。所以，古人告诉我们"规过于私室"。规劝别人，尽量在私下的地方，让对方缓和心情，避免难堪。

导行

1. 益者三友，友直友谅友多闻，能够来批评我们的人都是益友，我们应该真诚地感激这些人。

范例——晏子逐高缭（liáo）

晏子是齐国宰相，他辅佐齐王把齐国治理得井井有条。晏子手下有一位名

叫高缭的，为官三年，从没做过什么错事，可是有一天，晏子却把高缭给免职了。晏子左右的人感到奇怪，觉得晏子这样做未免不合情理，于是，他们劝阻晏子。有的说："高缭侍奉先生三年，对先生向来都是言听计从，并没出过什么差错呀。"有的说："按常理，高缭做满三年，又没有过错，先生理当给他一定的爵位才是，怎么反而把他辞掉呢？这好像说不过去吧！"

晏子对左右劝阻的人说："我是一个有很多缺点的人，正如一块弯弯曲曲的木料，必须用规矩来定方圆，要用斧子来削，用刨子来刨，才能造就一件好的器具。我手下的人，就应像这些规、矩、斧子、刨子，帮我去掉那些不能成器的地方，以利我更好地帮齐王治国。可是高缭和我一起做事已经整3年了，对于我的缺点、过错，从来没提出过任何批评意见，也没作过任何纠正。我并非圣贤，平时工作中难免有失误，可是高缭只是一味顺从我、称赞我，这对我更好地为齐王工作又有什么好处呢？非但没有，反而有害。所以我决定辞退高缭，原因就正是你们所说的'高缭无过'。"

无心非　名为错　有心非　名为恶

解字

非：做不对的事。名：称做。恶：坏，坏事，坏人。

释义

如果是无心做了错事，称为过错；如果明知故犯，故意损害别人，便是恶行。

引申

《论语·子张》云："子夏曰：'小人之过也必文。'"《论语·卫灵公》云："子曰：'过而不改，是谓过矣。'"小人犯了过错一定要掩饰。有了过错而不改正，这才真叫错了。

人非圣贤，孰能无过？当别人无心犯了错，我们一定要包容和宽恕。对我们自己来讲也要时时反省，观照自己是否有不当之处。比如，路上两三个人并排走路或骑车，乘坐地铁、电梯时站在急行道上，这些虽说都是无心之过，但影响其他人通行。再比如给别人打电话不事先问人方便与否，说起来没完没了，或许别人正有事要去办呢！这都是需要纠正的不良习惯。我们如果养成处处替别人着想的习惯，"错""恶"便会减少，人缘也会变得越来越好。

范例——澄子夺黑衣

宋国人澄子不知在什么地方丢失了一件黑布做的上衣。他跑上大路沿途寻找，到处都找不着那件黑衣。

蚀财的痛惜化为一股气恼。他一边走，一边捉摸着要想出一种办法来补救丢失一件上衣的损失。碰巧这时迎面走来一位身穿黑色上衣的妇人。澄子不由分说地将她一把抓住。他一面拉扯那妇人的衣裳，欲取其衣，一面狠狠地说道："刚才我丢失的黑衣，原来在你这里！"那妇人被这光天化日之下突如其来的拦路行凶举动吓蒙了。她急忙对澄子解释道："这件衣裳是我亲手纺的线、织的布，亲手剪裁、缝制而成的。它的长短、大小正合我身。虽然您丢的也是一件黑衣，但并不是这一件呀！"那妇人的声音听起来显得有一些柔弱、哀怜。但是她如泣如诉吐出的一字一句里所含的分量，使澄子心里怔了一下。如果把一个小女子的衣裳说成是自己的，扒下来后，自己却穿不上岂不荒唐？于是他立刻转了一个话题，但是仍然气势汹汹地说："我丢失的是一件夹衣，而你身上穿的这件是单衣。你用一件单衣抵我一件夹衣，难道还不便宜吗？"这澄子真是有意地犯错误，实在是不可原谅啊！

过能改　归于无　倘掩饰　增一辜

解字

倘：假如。掩饰：遮掩，找理由狡辩。辜：错误。

释义

有了过错，要能勇于面对，并彻底改正。如果为了虚荣心、维护面子不肯

认错，还要掩饰，那就是错上加错了。

引申

《左传·宣公二年》云："人谁无过，过而能改，善莫大焉。"孔夫子就非常赞叹颜回，说颜回是一个"不贰过"之人。什么叫"不贰过"？就是同样的过失不再犯第二次。过能改、不掩饰是一种谦虚的心态，谦受益。同时，我们对已改过的人也要得饶人处且饶人。

导行

2. "过从心改将心忏，心若亡时罪亦亡。"如果不能真正地忏悔自己的过错，那就是在真正地明知故犯了。

范例——亡羊补牢

战国时代，楚国有一个大臣，名叫庄辛，有一天对楚襄王说："你在宫里面的时候，左边是州侯，右边是夏侯；出去的时候，鄢（yān）陵君和寿跟君又总是随着你。你和这四个人专门讲究奢侈淫乐，不管国家大事，郢（yǐng，楚国国都）一定要危险啦！"

襄王听了，很不高兴，气骂道："你老糊涂了吗？故意说这些险恶的话惑乱人心吗？"

庄辛不慌不忙地回答说："我实在感觉事情一定要到这个地步的，不敢故意说楚国有什么不幸。如果你一直宠信这些人，楚国一定要灭亡的。你既然不信我的话，请允许我到赵国躲一躲，看事情究竟会怎样。"

庄辛到赵国才住了五个月，秦国果然派兵侵楚，襄王被迫流亡到阳城。这才觉得庄辛的话不错，赶紧派人把庄辛找回来，问他有什么办法。庄辛很诚恳地说："我听说过，看见兔子才想起去找猎犬，这还不晚；羊跑掉了才补羊圈，也还不迟。臣听说过去商汤王和周武王，依靠百里土地，而使天下昌盛，而夏桀王和殷纣王，虽然拥有天下，到头来终不免身死亡国。现在楚国土地虽然狭小，然而如果截长补短，还能有数千里，岂止百里而已？"

楚襄王听了庄辛这番话之后，很受震动。在这时才把爵位送给庄辛，封他为阳陵君，不久庄辛帮助楚王收复了很多的土地。

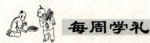 **每周学礼**

本期主题：馈赠礼仪

一、赠人物品不可让对方上门来取。

二、赠人物品必须谦虚恭敬。

三、赠人物品，应作包装。婚嫁庆寿例外。

四、不当着其他客人面赠人物品。

五、接受馈赠应先谦辞而后接受，答谢。

六、尊长赠与物品，不可谦辞不受。

 **拓展训练**

"我能行"小练习

一、列出自己的小缺点、坏习惯。

二、写出改正的方法和需要的条件。

三、和爸爸妈妈一起制订计划。

四、承诺"我一定要马上行动，绝不放弃！"并且签名。

五、给自己鼓励和奖惩。

第六章

泛爱众

释题

　　"泛爱众"就是指对天地间一切众生都要有关怀爱护、平等包容之心，如同苍天和大地对众生纯真无私的爱。《孟子·离娄下》云："爱人者，人恒爱之；敬人者，人恒敬之。"我们作为学习圣贤文化的弟子，明白道理后要做爱人、敬人的主动者。

第20课

fán	shì	rén	jiē	xū	ài	tiān	tóng	fù	dì	tóng	zài
凡	是	人	皆	须	爱	天	同	覆	地	同	载

xìng	gāo	zhě	míng	zì	gāo	rén	suǒ	zhòng	fēi	mào	gāo
行	高	者	名	自	高	人	所	重	非	貌	高

cái	dà	zhě	wàng	zì	dà	rén	suǒ	fú	fēi	yán	dà
才	大	者	望	自	大	人	所	服	非	言	大

凡是人　皆须爱　天同覆　地同载

解字

皆：都。须：应该。覆：覆盖。载：承载。

释义

只要是人，都是我们的兄弟姐妹，不应有聪明愚笨、富贵贫贱、种族国界之分，都应该相亲相爱。大家在同一片蓝天下、同一片土地上生活，应该互相尊重，互助合作。

引申

这里的爱不是自私之爱，是付出和奉献的仁爱。爱好人，向好人学习，并尽心尽力成就他；对心术不正、损人利己之人，也要爱，要悲悯他，了解他，进而适时择机帮助他；对鳏寡孤独废疾者（鳏：音guān，没有妻子；寡：没有丈夫；孤：没有父母；独：没有小孩；废：残疾；疾：生病）要施以钱物，用温暖的话安慰他。但是，爱也有自然次序。孟子讲"亲亲而仁民，仁民而爱物"，就是说爱一定要从自己身边的父母做起，叫亲亲；亲亲做到了，进一

131

步推而广之，爱别人的父母、孩子，就是仁民；再从仁民扩展到爱护一切物，取之有时，用之有节，叫爱物。

导 行

1. 爱人者人恒爱之，当我们能够做到在别人需要帮助的时候伸出援助之手的时候，我们也一定能得到别人的爱戴。

2. 花草树木，鸟兽虫鱼都是我们生存的外界环境，爱护他们，保护我们赖以生存的家园，才能真正地回归到天人合一境界。

范例——秦人放鹿

鲁国有一个国君去打猎，打到一只小鹿，他就派一个姓秦的臣子把这只小鹿带回去，准备晚上杀了吃。这位姓秦的臣子走在路上，发现有一只母鹿一直跟着他，而且不停地在叫。这位秦先生不忍心，他想：我们国君抓到的这只小鹿大概是这只母鹿的孩子。他就把这只小鹿给放了。

这位国君打完猎回来，就问这位姓秦的臣子："我的鹿呢？"这位秦先生说："路上一直有一只母鹿跟在后面啼叫，我实在不忍心，所以就私自把小鹿给放了，让它跟着自己的妈妈走了。"国君当然生气了，心想：我辛辛苦苦打了一天的猎，本来满怀欣喜地准备回来享受我的猎物，你竟然把我的猎物给放了。国君随即就把这位秦先生赶出了鲁国。

一年后，秦国的国君想给自己的儿子找一个老师，这个时候又想到了一年前被他赶走的秦先生，就派人把他恭恭敬敬地请回来。身边的人看不懂了，就问这个国君："大王，这个人不是原来得罪过您吗？私自把您的猎物放走了，怎么您现在又请他回来当公子的老师？这是什么道理？"这位国君很聪明。他说："这个人连一只小鹿都不忍心杀死，何况是对人呢？请这样一个心里充满爱的人来教育我的儿子我才放心啊。"国君是通过秦先生对动物的爱看到他对万物的爱，他希望自己的孩子将来能够成为一位理想的国君，能够爱人民，能够爱万物，因此，他把自己的儿子交给这个当年得罪过自己的臣子来教育。

行高者　名自高　人所重　非貌高

解字

行：读 xìng，意为德行（德行，内外之称。在心为德，施之为行）。名：名声。重：敬重。

释义

德行高尚的人，名声自然就高；因为人们敬重的是一个人的品行，而不是他的外表容貌。

引申

孔子被尊崇为"万世师表"，那么他的德行是如何成就的呢？他在《论语》里讲道："德之不修，学之不讲，闻义不能徙（xǐ，跟随），不善不能改，是吾忧也。"就是说自己每天忧虑四件事：一是这一天不能空过，要使品德得到培养和进步；二是自己领悟到的道理和学问一定要把它讲出来，让更多的人受益；三是知道是正义的事，马上当仁不让地去力行；四是时时躬身反省自己还有哪些缺点和过失要赶快修正。正是抱持这样的存心，孔子才成就了万代敬仰的德行。我们能以先生为榜样，勤勉不辍，也一定能够德行长养，驯致圣贤。

范例——行高德重林则徐

清朝道光年间，英国向中国输入大量鸦片，上至朝廷贵族，下至平民百姓皆沾染成习，残害国人体质，白银大量外流，严重影响了清朝的国计民生。林则徐上书朝廷，力行禁烟，综合治理，成效卓越。虎门销烟挽救了整个中华民族的命运，使中华民族得以延续。林则徐也成为家喻户晓的民族英雄。他的才德不仅表现在治理国家上，他的"十无益"格言也是宝贵的精神财富，给后

人留下了很多有益的启示：

一、父母不孝，奉神无益；

二、兄弟不和，交友无益；

三、存心不善，风水无益；

四、行止不端，读书无益；

五、心高气傲，博学无益；

六、做事乖（guāi，不和谐）张，聪明无益；

七、时运不济，妄求无益；

八、妄取人财，布施无益；

九、不惜元气，医药无益；

十、淫恶肆欲，阴骘（zhì）无益。

才大者　望自大　人所服　非言大

解字

才：才能。望：声望，名望。服：佩服。

释义

才学出众的人，名望自然会大，人们所佩服的是有真才实学的人，而不是说大话、自吹自擂的人。

引申

真正有才华的人，他的名望自然得到传扬。他的才华也必然是建立在德行的基础上，并且他的才华是用来造福社会、利益人民，而不是用来牟取个人一己之利，这样的人才能得到人们由衷的敬重。父母、老师、团体领导人都要在才德上不断提升，才能够对孩子、对学生、对员工施以教诲。

面对有才华的人，我们不能只是羡慕，须知每一个人的成就都是经过长期不懈的拼搏进取而来。我们要转"羡慕"为"用功"，处处学习他们，在德行

134

上不断修养，塑造一个好的品格，并能潜心学习才艺，这样才能与有才德的人比肩，成就一番有利于大众的事业。

导行

3. 人不可貌相，海水不可斗量。我们不具备貌相取人之能，所以在交往的时候也就不要以貌取人了。

4. 多做好事，积极参加集体活动和社会公益活动，不要说空话、大话。

范例——妄言丢官

明朝的宣宗皇帝，非常喜好诗词歌赋，经常命令朝中的大臣附和；有位学士自以为才气很高，他每次应制奉命做完诗的时候，就说："我所做的诗，实在是太好了啊！皇帝不但是做不出来，而且也看不懂其中的奥妙啊！"没有多久，这位学士就以诗字触犯了皇室的庙讳，而且讲话涉及讥讽，因此就被皇帝处以不敬的罪名，而夺掉了他的官职。

 **每周学礼**

本期主题：旅行礼仪（一）

一、将远行，须祭祖辞亲。

二、到目的地，应先拜访有关人士。

三、归来必谒（yè，拜见）亲友，或略送特产。

四、远行之亲友辞行，必往送行，事前或赠物，或宴饯（jiàn）。

五、远方客人来访，须前往住处拜望，或设宴接风。

 **拓展训练**

慈爱心培养小练习

一、散播慈爱。以慈爱的心态赞美自己、肯定自己。如果你觉得自己感受

到了慈爱，请对朋友散播慈爱，以慈爱的心态赞美、肯定你的朋友。如果你觉得你的朋友感受到了你的赞美和肯定，请对陌生人散播慈爱。以慈爱的心态祝福班里你最陌生或不喜欢的同学。

二、在老师和家长的指导下，栽种一盆植物，用你的爱心照顾它。为它拍照片，拿来和你的朋友分享。

第 21 课

jǐ	yǒu	néng	wù	zì	sī	rén	suǒ	néng	wù	qīng	zī
己	有	能	勿	自	私	人	所	能	勿	轻	訾

wù	chǎn	fù	wù	jiāo	pín	wù	yàn	gù	wù	xǐ	xīn
勿	谄	富	勿	骄	贫	勿	厌	故	勿	喜	新

rén	bù	xián	wù	shì	jiǎo	rén	bù	ān	wù	huà	rǎo
人	不	闲	勿	事	搅	人	不	安	勿	话	扰

己有能 勿自私 人所能 勿轻訾

解字

能：能力，本领。訾（zī）：诋毁，说别人坏话。

释义

自己有才能，不要只想着为自己牟私利，应当做些对社会大众有益的事。别人有才能不要心生嫉妒，随便轻视、批评、毁谤。

引申

每个人的能力都有所不同：有的人学习很有方法，有的人赚钱很有办法，有的人管理能力卓越，有的人琴棋书画精通，有的人医术精湛……如何看待和运用自己的能力呢？有的人把自己的能力作为传家宝，有的当做获得社会名望地位的阶梯，有的则当成是赚钱的工具。他们思想上的狭隘（ài）决定了其成功的限度。还有一类人，认为自己的能力是靠大家的提携、帮助而来，自然要尽己所能回馈给大家。由于开阔、仁爱的胸襟，把个人的能力无私地与人分享，使众多善缘相资相助，从而使有限的能力得到了无限的提升和共享。当

然，一个微笑、一句安慰、一念宽恕、一次援手，都是我们拥有的能力，都可以用来帮助需要帮助的人。

对别人的才能嫉妒、毁谤，别人的能力不会减少，自己的能力也不会增加。而妒火中烧，恶语伤人，一方面伤害别人，另一方面折损自己的福德、伤害自己的身体，智者不为。

导行

1. 同学间以诚相待，强者不凌弱，弱者不嫉妒，相互学习，互相帮助，共同进步。

范例——公孙龙慧眼识人才

春秋时期，有一个很有名的人，叫公孙龙。公孙龙很有学问，手下有好多弟子，每个人都有自己的特长和本领。有一次，公孙龙在赵国的时候跟他的弟子说："我作为你们的老师，只喜欢有本领的人，没本领的人，我看都不要看，我不喜欢。"这时候就有一个人跑来求见，公孙龙一见这个人相貌平平，就说："我不结交没有本事的人，请问您有什么本事？"那个人说："先生，大本事我没有，但是，我有一副好嗓门，声音特别大，哪怕距离很远，别人也能听得见，一般人没这个本事。"

公孙龙回头一看，就问自己的弟子："你们中间有没有声音比他大的？"弟子们争相回答："我们的声音都很大，我们都是大嗓门。"然后都斜着眼睛，很轻蔑地看着他。公孙龙就说："那你们比试比试。"众弟子推举一个嗓门最大的和那个人一起往前走了五百步，到了一个山坡背后，然后朝公孙龙那边喊话，结果只有那个人的声音能听得到，那个嗓门最大的弟子的声音一点都听不到，于是，公孙龙就收这个人为弟子。其他弟子心里很不服气。

过了不久，公孙龙到燕国去见燕王，他带着一大群弟子上了路。没走多久碰到一条非常宽大的河。公孙龙他们这边没有船，远远地看见对岸有一条船，而且船夫蹲在船上闲着。公孙龙就让人把他新收的那个徒弟叫来，然后说："你帮我把那船给叫过来。"那个被大家瞧不起的大嗓门一喊，声如洪钟，直达对岸，艄（shāo，掌舵）公立刻站起来，将船划了过来。公孙龙一行上了船，一点都没有耽误和燕王见面。这时，那些"笑人无，恨人有"的弟子才认识到，这位新来的学友的一副大嗓门还真的有用。

勿谄富　勿骄贫　勿厌故　勿喜新

解字

谄（chǎn）：巴结，奉承。骄：轻视，瞧不起。故：旧的，先前的。

释义

不要讨好巴结富有的人，也不要在贫穷的人面前骄傲自大，轻视他们。不要厌弃过去的朋友，也不要一味喜爱新结交的朋友。

引申

对富有的人不讨好，对贫穷的人不轻贱，是一种平等心。民谚说："穷不扎根，富不长苗"，就是说穷富都不是一成不变的。一个贫穷的人要明了自己贫穷的原因，从而尽己所能积极帮助比自己更困难的人，就是在创造富有的因，就可以逐步改变贫穷状况。一个富有的人如果富而不骄奢，见贫不轻慢，并且乐于施助，那么他的财富会越来越丰盈。

"勿厌故，勿喜新"，就是说人不能忘本。对于现代的、西方的文化我们可以学习其优秀的地方，对于传统文化我们更要好好地承传。截至 2008 年年底，我国已在 70 多个国家和地区建立 200 多所孔子学院。不同民族和国家的人民都在从中国传统文化中汲（jí，取得）取营养。从一定意义上说，中国传统文化是人类根本的、不竭的智慧源泉。

就物品而言，对自己所使用的各种东西都要爱惜，物尽其用；就人而言，尤其是夫妻之间，妻子或丈夫不能为了私情，违背夫妻间的道义、恩义、情义而喜新厌旧，这样最折损自己的福报，也大大伤害家庭和孩子。

导行

2. 学会关心贫困同学，力所能及地参加扶贫、赈灾等公益活动，争取能为社会作一点点贡献，学习青岛人的微尘精神。

范例——糟糠之妻（zāo kāng zhī qī，共过患难的妻子）不下堂

东汉光武帝时，光武帝的姐姐湖阳公主的丈夫去世了，光武帝很疼爱姐姐，想在大臣中为他物色一位称心的夫婿。结果湖阳公主看中了当时朝中容貌、才德俱佳的大臣宋弘。于是光武帝就去探询宋弘的口气。宋弘对光武帝说："贫贱之交不可忘，糟糠之妻不下堂。"就是说凡是自己贫贱时交的朋友，是不可以遗忘的，与自己同吃糟糠、同甘共苦的妻子，是不可以抛弃的。光武帝一听，很是赞赏宋弘，就不再勉强这门亲事。宋弘不攀权贵，说明他是位念旧感恩的厚道君子，这样的为人也往往更能得到别人的尊重。

人不闲 勿事搅 人不安 勿话扰

解字

闲：空闲。搅：打扰。

释义

当别人正在忙碌没有空闲的时候，不要因为自己有事随便去打搅。当别人身心不安的时候，不要去跟他说话打扰他，增加他的烦恼和不安。

引申

当我们忙得不可开交时，最怕别人不必要的干扰。心里有事忧虑不安，多么希望静下来想办法解决，这时若有人在旁边讲多余的言语，反而是忙上加忙。所以善于察言观色，多为对方着想，不以自己的方便，或为满足一吐为快的私心，而增加他人的痛苦，这便是一种涵养，也是搞好人际关系的法宝。

导行

3. 与人交往是门艺术，当别人正忙或者情绪不安定时，尽量不要去打扰。

范例——杨阜的唠叨

三国时期，魏国有个大臣叫杨阜（fù），他性情耿直，经常直言劝谏皇帝，丝毫不给皇帝留面子。当时的魏明帝很尊重他。

有一次，明帝穿着便服就出来见大臣，杨阜严肃地对明帝说："您身为皇帝，穿成这样见大臣是不合礼仪的。"明帝无话可说，只好回去换衣服。

还有一次，明帝最疼爱的女儿去世了。明帝非常悲痛，决定厚葬她，并且表示自己要亲自去送葬。这时，大臣杨阜对明帝说："过去，先帝和太后去世时，您都没有送葬。现在女儿死了却去送葬，这样不合礼法。"

杨阜说得有道理，但当时魏明帝心中十分悲痛，并没有接受杨阜的建议，他说："你不要再说了。"杨阜就反反复复、唠唠叨叨地说个不停，还搬出古代的事例，说皇帝这样做是不对的。魏明帝终于被惹怒了，把杨阜赶出了朝廷。

所以，劝谏是需要看时机的，在别人心情不好的时候，过多地唠叨，妄添他人的烦恼，于事无益，最终还伤害到自己。

 **每周学礼**

本期主题：旅行礼仪（二）

一、旅人外出归来拜访，自己也要回拜，或设宴洗尘。

二、受人送行及饯别，达到所在地，须一一函电致谢。

三、受人接风或洗尘过后，须回请答谢。

四、入外境须问止禁，入国家须问习俗，入人家门须问忌讳。

五、入人之属地不乱驰跑，入人之村庄必下车，逢人皆礼敬问好。

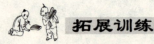 **拓展训练**

送礼和帮助小练习

一、主动帮助同学做一件你最拿手的事情。

二、把一件自己已久不用的，但还有使用价值的小物件送给你的朋友。

第 22 课

rén	yǒu	duǎn	qiè	mò	jiē	rén	yǒu	sī	qiè	mò	shuō
人	有	短	切	莫	揭	人	有	私	切	莫	说

dào	rén	shàn	jí	shì	shàn	rén	zhī	zhī	yù	sī	miǎn
道	人	善	即	是	善	人	知	之	愈	思	勉

yáng	rén	è	jí	shì	è	jí	zhī	shèn	huò	qiě	zuò
扬	人	恶	即	是	恶	疾	之	甚	祸	且	作

shàn	xiāng	quàn	dé	jiē	jiàn	guò	bù	guī	dào	liǎng	kuī
善	相	劝	德	皆	建	过	不	规	道	两	亏

人有短　切莫揭　人有私　切莫说

解字

短：短处，缺点。切：千万，语重心长劝导意。揭：揭露。私：隐私。

释义

别人有短处，千万不要到处宣扬。别人有隐私，绝对不能说出去。

引申

俗语说："说人不说短，打人不打脸。"每一个人都有短处和缺点，这些短处和缺点一般是不愿让别人知道的。我们口无遮拦讲别人这些尴尬（gān gà，难以应付）事，别人知道了也会同样讲我们的短处。人生在世，每个人都难免遭遇一些痛苦之事。当我们知道别人有不愿人知的隐痛时，应该替他保密，不向外面乱讲。要知道讲别人这些短处和隐私，犹如往他伤口上撒盐巴，伤人损德。

导行

1. 人皆有短，若当事人已经意识到了自己的缺点，我们千万不可到处乱说，而应努力帮助其改正。

范例——楚庄王绝缨会

楚庄王是春秋时期的五霸之一，他是一位治国有方、用人有术的君主。关于他的用人艺术，有这样一个非常生动的故事。

有一年，楚国的军队接连打了几次大胜仗，楚庄王非常高兴，专门在宫中设宴庆功，犒赏功臣将士。宴会上，楚庄王下令将士开怀畅饮，不必拘束，还专门让他的爱妃许姬为每一位有功将士敬酒。

许姬遵照楚庄王的命令，面带笑容地走到每位将士面前敬酒助兴。宴会上，有一个叫唐狡的壮士已喝得酩酊（mǐng dǐng）大醉。正在此时，宫中蜡烛被一阵来风吹灭了，宫中一片漆黑，唐狡趁此机会，情不自禁地用手去牵许姬的衣服。许姬拼命挣脱，并机智地拔下了唐狡头上的帽缨。许姬跑到楚庄王面前娇喘吁吁地说："有人想趁黑污辱我，我顺手拔下了他的帽缨，您赶快令人点上蜡烛，查明此人，为我雪耻！"

这突如其来的事件把人们惊得目瞪口呆，大厅里顿时一片寂静，唐狡更是吓得冒出一身冷汗，猛然间从醉酒中清醒过来，追悔莫及，只好等着楚庄王处罚。

出人意料的是，楚庄王听完许姬的诉说，非但没有追究无礼之人的意思，反而以责备的口吻对许姬说："酒后失礼是人所难免的，我怎么能为此去惩治一位刚从战场上拼杀下来的勇士呢？"说罢，便下令道："先不要点蜡烛，今日君臣欢宴，不拔去帽缨不能尽兴，请大家都把帽缨拔下来。"于是，所有的将士都拔去自己的帽缨，大厅的灯火又明亮起来。唐狡偷偷擦去头上的冷汗，心里无比感激楚庄王。

几年之后，楚国又与邻国发生战事，楚庄王亲率三军督战。出发前，唐狡请求带百余人做开路先锋。唐狡身先士卒，带领这百余人，以一当十，勇猛拼杀，直杀得敌军望风而逃；楚庄王率领大军紧随其后，长驱直入，大获全胜。

战争结束后，楚庄王决定重赏唐狡。唐狡却说："我受大王恩典已经很厚了，宴会上我对王妃无礼，大王恩待不杀，我就是肝脑涂地也报答不了大王的恩典，怎还敢领赏呢!"

楚庄王听后十分感动，深深感受到关爱将士的重要。最后，他还是重重地奖赏了唐狡。

道人善　即是善　人知之　愈思勉

解字

道：说，讲。善：善言善行。愈：更加。勉：努力、尽力。

释义

讲说、赞美别人好的言行，就是自己在做好事，被称赞的人听到后，必然会从内心更加勉励自己，继续做得更好。

引申

《中庸》："子曰：'舜其大知也与! 舜好问而好察迩言（ěr yán，浅近话语），隐恶而扬善，执其两端，用其中于民。其斯以为舜乎!'"舜可是有大智慧的人，他喜欢向人问问题，又善于分析别人浅近话语里的深刻含义，隐藏坏处，宣扬好处，过与不及两端的意见他都掌握，采纳适中的用于老百姓。这就是舜之所以为舜的地方。

导行

2. 普贤菩萨十大愿中有随喜功德、恒顺众生，我们肯定并赞扬别人的优点，这样也能够让其他人来学习这样的良好行为。

范例——贺知章识才

我们都知道，李白的外号很多，但有一个外号最妙，叫谪（zhé）仙，即

从天上被贬下来的仙人。谁称李白为谪仙？是贺知章。他是唐朝著名的诗人，非常了不起，为人直爽、豁达、健谈，当时满朝文武都特别仰慕他，很愿意和他交谈。贺知章还有一个优点，就是爱才若渴，热情地提携后辈，特别愿意去赞扬别人好的地方。当贺知章在京城的时候，李白还只是一个青年诗人，崭露头角。贺知章读了李白的《蜀道难》后，赞叹不已，逢人便说李白是谪仙，是从天上下来的神仙。贺知章比李白要年长四十多岁，但两人一见如故。正是由于贺知章不停地赞扬李白，称颂李白的才华，才使李白名震天下，后来被称为"诗仙"。

扬人恶　即是恶　疾之甚　祸且作

解字

扬：宣扬，传播。疾：急速，猛烈。作：发生。

释义

宣扬别人的过失或缺点，就是自己在做恶事。过分地指责和批评，当事人会伤心或表示厌恶。严重时，可能会给自己招来灾祸。

引申

《论语·阳货》云："子贡曰：'君子亦有恶乎？'子曰：'有恶。恶称人之恶者，恶居下流而讪（shàn，讥笑）上者，恶勇而无礼者，恶果敢而窒（zhì，不通事理，顽固不化）者。'曰：'赐也亦有恶乎？''恶徼以为知者，恶不孙以为勇者，恶讦（jié）以为直者。'"

在《论语》里，子贡说："君子也有厌恶的事吗？"孔子说："有厌恶的事。厌恶宣扬别人坏处的人，厌恶身居下位而诽谤在上者的人，厌恶勇敢而不懂礼节的人，厌恶固执而又不通事理的人。"孔子又说："赐，你也有厌恶的事吗？"子贡说："厌恶抄袭别人的成绩而作为自己的知识的人，厌恶把不谦虚当做勇敢的人，厌恶揭发别人的隐私而自以为直率的人。"

古人讲："凡一事而关人终身，纵确见实闻，不可著口。凡一语而伤我长厚，虽闲谈酒谑（xuè，开玩笑），慎勿形言。"这句话是说：凡事关别人一生的名誉，即使自己耳闻目睹，也不能随便说出去。如果一句话说出去有伤自己的德行和敦厚，即使喝酒闲谈，也要把持自己谨慎不说。尤其是当今传播媒介多样和快捷，如果不采取有效的方式方法令其改正，只是单纯地扬人恶，传播速度之快、面之广、影响之大，往往是旧的问题没有解决，又给当事人造成了新的伤害。所以我们出言要三思。

范例——滥言舌枯

从前，有个人叫祝期生，他总喜欢颠倒是非，讥讽他人的缺失，又喜欢引诱他人做坏事。

遇到相貌丑陋的人，祝期生就讥笑人家；遇见相貌俊美的，则大加嘲弄。遇到较愚笨的，就欺负人家；遇见较聪明的，便评头论足一番。遇见贫穷的人，就鄙视人家；遇见富有的人，便毁谤他。见到当官的，就揭发人家的隐私；见到读书人，就宣扬人家不愿声张的私密。看见有人生活奢侈，反倒称赞他是豪爽之人；看见有人手段阴狠毒辣，更大赞为厉害。遇人谈佛学法理，就讥讽为斋公；遇人论儒学德行，便嗤笑为假道学。听人家说好话，便说："嘴上说说而已，其实心里并不是这么一回事。"而看见人家做善事，就说："怪了，这件事既然做了，那件事为何不做呢？"他到处胡乱评论，颠倒是非黑白。

到了晚年，祝期生突然得了舌黄病，必须用针刺舌头，让血流出一升多，才会觉得好一些。一年居然发作了五至七次，痛苦得说不出话，后来竟然舌头枯干萎缩而死。

善相劝　德皆建　过不规　道两亏

解字

善：此处指善巧方便。劝：劝勉。德：指立身根本和行为准则。皆：都。建：树立。规：规劝，诤谏（zhèng jiàn）。道：这里指理想的人格。亏：亏

损，缺失。

朋友之间应互相规过、劝善，则彼此都能成就良好的德行。如果看对方过失不加规劝，这对双方在德行上都是缺欠。

《论语》云："君子信而后谏，未信，则以为谤己也。"意思是说君子在得到朋友信任后才能劝谏，如果没有达到信任的程度就去劝谏，对方会以为我们在诽谤他。可见劝谏是建立在信任的基础上的。要想获得别人的信任，我们就要多体察对方的需求，真诚地为对方付出，所谓"诚于中而形于外"，让对方感受到我们的言真意切，处处在为他着想，从而于感动中体会到我们的劝勉，这样才能够通过"善相劝"达到"德皆建"的目的。

3. 与人辩论时，善于思考，讲究方法，坚持原则，态度要尽量平和。

春秋时，齐景公自从宰相晏婴死了之后，一直没有人当面指正他的过失，因此心中感到很苦闷。

有一天，齐景公欢宴文武百官，席散以后，一起到广场上射箭取乐。每当齐景公射一支箭，即使没有射中箭靶的中心，文武百官都是高声喝彩："好呀！妙呀！""真是箭法如神，举世无双。"

事后，齐景公把这件事情对他的臣子弦章说了一番。弦章对景公说："这件事情不能全怪那些臣子，古人说：'上行而后下效。'国王喜欢吃什么，群臣也就喜欢吃什么；国王喜欢穿什么，群臣也就喜欢穿什么；国王喜欢人家奉承，自然，群臣也就常向大王奉承了。"

齐景公听了弦章的话，认为弦章的话很有道理，就派侍从赏给弦章许多珍贵的东西。弦章看了摇摇头，说："那些奉承大王的人，正是为了要多得一点赏赐，如果我受了这些赏赐，岂不是也成了卑鄙的小人了！"他说什么也不接受这些珍贵的东西。从此，齐景公把弦章当做知己。

每周学礼

本期主题：个人礼仪（一）

一、仪表

（一）卫生：仪容美，贵整洁。莫要人前剔牙、掏鼻孔，莫要唾沫星儿飞人脸。

（二）服饰：服饰自然得体，协调大方。着装要与自身条件、客观环境及场合和谐。

二、言谈

（一）态度诚恳亲切、恭敬尊重；声音大小适中，语调平和沉稳。

（二）人人平等，皆用敬语。常将"您""请""谢谢""对不起"挂嘴边。

拓展训练

赞美和规劝小练习

一、在卡片上写下你一位同学的十个优点，在班上朗读卡片，并把卡片送给这位同学。

二、给你的父母或同学写一个简单的规劝卡，劝他们戒除不好的习惯（劝父亲戒烟、劝同学讲卫生等）。

范例：

亲爱的＿＿＿＿＿谢谢您这么多年每天照顾我们，在这个世界上您是我最重要的人，但您最近＿＿＿＿＿，＿＿＿＿＿我很担心，怕您＿＿＿＿＿，为了＿＿＿＿＿，希望您可以＿＿＿＿＿。

第 23 课

fán	qǔ	yǔ		guì	fēn	xiǎo		yǔ	yí	duō		qǔ	yí	shǎo
凡	取	与		贵	分	晓		与	宜	多		取	宜	少

jiāng	jiā	rén		xiān	wèn	jǐ		jǐ	bú	yù		jí	sù	yǐ
将	加	人		先	问	己		己	不	欲		即	速	已

ēn	yù	bào		yuàn	yù	wàng		bào	yuàn	duǎn		bào	ēn	cháng
恩	欲	报		怨	欲	忘		报	怨	短		报	恩	长

凡取与　贵分晓　与宜多　取宜少

解字

取：索取。与：给予。分晓：清楚明白。宜：应该。

释义

拿别人东西或给别人东西，一定要清楚明白，拿别人的东西要少一点，给别人的东西要多一点，这样才能广交朋友，与人和睦相处。

引申

这句话讲的是人情往来的道理。当我们在不断给予别人的时候，我们就跟他结了很多善缘。如果将来我们有困难，这些受我们恩惠的人也会帮助和回馈（kuì）我们的。我们还要懂得礼让，当我们礼让别人，不仅成全自己的德行，而且也成全了别人的愿望。自己礼让也往往容易引发对方的惭愧心，很多原本棘手（jí shǒu，事情难办）的事情由于礼让而意想不到地得到解决。所谓"天道无亲，恒与善人"。

导行

1. 赠人玫瑰，手留余香。学会奉献和给予是人生一大乐事。

范例——管鲍之交

管仲是春秋时齐国人，他博古通今，很有才华。管仲与鲍叔牙是要好的朋友。有一年，管仲和鲍叔牙一起做生意，赚了钱分红时，管仲总是多拿一些。鲍叔牙的仆人生气地说："这个管仲，本钱拿得比我们主人少，分钱的时候却比我们主人多！"鲍叔牙制止仆人说："不可以这么讲！管仲不是贪小便宜的人。他多拿是因为家里穷又要侍养母亲，是我心甘情愿让他多拿的。另外，管仲很有才干，将来一定会有成就。"管仲听到这话之后，十分感动："生我的是父母，了解我的人是鲍叔牙呀！"从此，两人成了生死之交。

将加人　先问己　己不欲　即速已

解字

加：施加。欲：想要，希望。速：快，迅速。已：停止。

释义

想让别人做一件事，先要问问将事情加到自己身上是否愿意，如果自己都不愿意，也不要让别人去做。

引申

《论语·卫灵公》云："子贡问曰：'有一言而可以终身行之者乎？'子曰：'其恕乎！己所不欲，勿施于人。'"有没有一个字可以终身奉行的呢？有，那就是"恕"，自己不愿意的，不要强加给别人。

这是将心比心的思想，是换位思考。乾隆皇帝有一副醒世警人的对联："愿天下翁姑舍三分爱女之情而爱媳，望世间人子以七分顺妻之意而顺亲。"意思是说：希望天下的公公婆婆都能拿出对女儿那样的真心来疼爱儿媳，也希望世间做儿子的能用怜爱妻子儿女那样的真心来孝顺父母。这副对联是宝贵的

家庭和谐管理法，给我们很大的启示。做妈妈的希望女儿嫁出去后得到婆婆的爱护，那自己就要先拿出疼爱女儿的心去疼爱儿媳。如果我们是儿媳，就要拿出恭敬父母的心恭敬公婆，因为我们很快也会成为别人的婆婆，我们的儿媳也会比照我们的行为来对待我们。如果我们是个儿子或姑爷，想晚年得到儿女的悉心照顾，那么我们就拿出顾怜妻子儿女的心孝顺父母和岳父岳母，给自己的儿女做典范。所以要早做榜样早种善因。

古训也讲："以恕己之心恕人，则交全；以责人之心责己，则寡过。"也就是说以宽恕自己的心宽恕别人，就会保全深厚的交情。以责备他人之心责备自己，过失就会减少。

范例——请君入瓮（wèng，一种大陶器）

唐朝的武则天，是中国历史上唯一的一位女皇帝。她为了维持自己的统治，采用严刑峻法，消除异己。因此，她手下的一些酷吏，便借机想方设法诬陷自己的政敌，并绞尽脑汁制造酷刑逼供。朝廷上下，笼罩着高压的恐怖气氛。

武则天的两名大臣周兴和来俊臣，是当时有名的酷吏，成千上万的人冤死在他们手下。有一次，周兴被人密告伙同丘神勣（jì）谋反。武则天便派来俊臣去审理这宗案件，并且定下期限审出结果。来俊臣和周兴平时关系不错，感到很棘手。他苦思冥想，生出一计。

一天，来俊臣故意请来周兴，两人饮酒聊天。来俊臣装出满脸愁容，对周兴说："唉！最近审问犯人老是没有结果，请教老兄，不知可有什么新绝招？"周兴一向对刑具很有研究，便很得意地说："我最近才发明一种新方法，不怕犯人不招。用一个大瓮，四周堆满烧红的炭火，再把犯人放进去。再顽固不化的人，也受不了这个滋味。"

来俊臣听了，便吩咐手下人抬来一个大瓮，照着刚才周兴所说的方法，用炭火把大瓮烧得通红。来俊臣突然站起来，把脸一沉，对周兴说："有人告你谋反，皇上命我来审问你，如果你不老老实实供认的话，那我只好请你进这个大瓮了！"

周兴听了惊恐失色，知道自己在劫难逃，只好俯首认罪。

恩欲报　怨欲忘　报怨短　报恩长

解字

恩：恩惠，恩德。欲：念念想着。怨：怨恨。长：长长久久。

释义

受人恩惠要时时想着报答，别人有对不起自己的事，应宽大为怀。怨恨的事不要常放在心上，苦恼自己！至于别人对我们的恩德，则要常记不忘，常思报答。

引申

《论语·宪问》云："或曰：'以德报怨，何如？'子曰：'何以报德？以直报怨，以德报德。'"有人说："用恩德来报答怨恨怎么样？"孔子说："用什么来报答恩德呢？应该是用正直来报答怨恨，用恩德来报答恩德。人一生有四种恩德要报：第一是父母之恩，父母给我们生命，养育我们成长；第二是老师之恩，老师为我们传道、授业、解惑，为我们指明人生方向；第三是国家之恩，国家像大树一样庇荫我们，使我们有一个安定的生活环境；第四是众生之恩，我们无时无处不生活在大众的服务帮助之中，粮食、蔬菜在生命成熟后也奉献给我们人类食用，我们也应感恩。

导行

2. 学会感恩。得到别人帮助，常记于心，激励自己进步，回馈帮助。和别人发生不愉快，自己要宽容、大度。

范例——乞丐报恩

赵盾是春秋时期晋国的大臣，当时国君十分残暴，赵盾为了国民的利益多次谏言国君，国君不悦，总想置赵盾于死地。有一次，国君假意请赵盾喝酒，

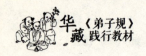
却在酒宴上埋伏武士，意欲谋害赵盾，紧要关头一位武士搭救赵盾脱离了险境。后来，赵盾问那位武士为什么拼死相救，武士说："当年我饿得要死的时候，是您施我饭食，还送钱财赡养我的母亲。"原来在这位武士还是乞丐的时候，赵盾救济过他。这个乞丐一直不忘赵盾对自己的恩德。这次赵盾遭遇危难，他就义无反顾地搭救了赵盾。赵盾施恩自然获福免难，武士知恩图报不惜身命，都是我们学习的榜样。

每周学礼

本期主题：个人礼仪（二）

仪态举止

（一）谈话姿势：交谈时要目视对方、专注倾听，不能东张西望、看书看报、哈欠连天。

（二）站姿：站立时，身体应与地面垂直，重心放在两个前脚掌上，挺胸、收腹、抬头、双肩放松。双臂自然下垂或在体前交叉，眼睛平视，面带笑容。站立时不要歪脖、斜腰、屈腿等，在一些正式场合不宜将手插在裤袋里或两臂交叉在胸前。

（三）坐姿：正确的坐姿应该是：腰背挺直，肩放松。女性应两膝并拢；男性膝部可分开一些，但不要过大，一般不超过肩宽。双手自然放在膝盖上或椅子扶手上。入座时要轻柔和缓，起座要端庄稳重。不论何种坐姿，上身都要保持端正。

（四）走姿：正确的走姿是：轻而稳，挺胸抬头，肩放松，两眼平视，面带微笑，自然摆臂。

拓展训练

感恩心态的小练习

一、写出你最不愉快的事情，并写下这件事对你的启发是什么。

二、写下对你最有帮助的人，写出感恩他的话。

三、写出爸爸妈妈为你做的十件事，感恩爸爸妈妈。

第 24 课

dài bì pú shēn guì duān suī guì duān cí ér kuān

待 婢 仆 身 贵 端 虽 贵 端 慈 而 宽

shì fú rén xīn bù rán lǐ fú rén fāng wú yán

势 服 人 心 不 然 理 服 人 方 无 言

待婢仆 身贵端 虽贵端 慈而宽

解字

婢仆：古时指婢女、仆人，今可引申为公司员工或保姆、小时工等弱势服务群体等。贵："以……为贵"，看重的意思。端：端正。

释义

对待家里的雇工，自己先要品行端正，以身作则。不仅如此，更要对他们仁慈宽厚。

引申

孔子《论语·八佾（yì）》云："居上不宽，为礼不敬，临丧不哀，吾何以观之哉？"孔子认为，居于上位的人，不能宽厚待人，行礼的时候不严肃，参加丧礼时也不悲哀，这种状况是君子所不为。一个家庭的主人，一位学校的老师，一个团体的领导人，如果言语和善、行为端正、仁慈宽厚，就能成为家人、学生、员工学习的典范。也就是说要做家人、学生、员工的"君、亲、师"。"君"代表领导，要以身作则；"亲"是用父母对子女一样的心关怀、爱护人；"师"则代表正确的引导与教诲。如果每个人都能从"君、亲、师"三个方面尽自己的本分，那么家庭、学校、团体、社会、国家一定会有一番全新

的气象。

《论语》里有一句话："君使臣以礼，臣事君以忠"，讲的是五伦（即父子有亲、君臣有义、夫妇有别、长幼有序、朋友有信）中君臣相处的道义：君主应该对待臣民有礼义，臣民应该以忠心对待君主。君臣相当于今天各种上下级关系。也就是说上级对属下要懂得以礼相待，能够体恤（xù，同情）尊敬。不能以自己的能力标准去考量属下的能力。洞察到员工的不足和缺陷，正是自己践行"君、亲、师"之道，引导和教诲他成长的时候。当员工感受到上级对他的关切爱护时，他自然尽心尽责来做事。如果对属下过分苛（kē，过于严厉）刻，没有宽恕（shù）之心，犯一点小过，就要处罚，属下容易产生不满和不服的心理。由于心态的不平和情绪的躁动，做事就容易出现纰漏（pī lòu，错误疏漏）。

导行

1. 学会平等待人，尊重从事各种职业的人；说话办事有礼貌，不以强欺弱、以大欺小。

2. 与外宾交往时，要热情有礼，谈吐文雅，举止得体，不卑不亢，尊重对方的风俗习惯。

范例——仁者刘宽

《后汉书》记载：东汉刘宽是一位以宽厚著称的仁者。有一次他驾车出行，一位乡亲错把刘宽家的牛认作自己家的牛。刘宽没有说什么，就让乡亲把牛领走了。后来那位乡亲找到了自己家的牛，就很惭愧地来到刘宽家还牛，道歉。刘宽只是说："世间同类的东西很容易认错，您已经把牛送回来了，还有什么好谢罪的呢？"

后来刘宽做了南阳太守，他的部下有了过错，他一般都能够体谅，对家人和仆人也从不生气。有一次，他的夫人想试试他的涵养，就在他穿好朝服准备上朝时，让侍女捧一碗鸡汤给他喝，侍女在他面前故意失手，鸡汤洒在他的朝服上。侍女赶紧去擦拭，并低头等待挨骂。刘宽不仅不生气，反而关心地问：

"你的手烫伤没有?"侍女很感动,夫人对他的涵养也十分钦佩。刘宽是位名副其实的仁者,他温和的性情、宽宏的气度值得我们尊重和学习。

势服人　心不然　理服人　方无言

释义

用权势去压服别人,别人难免口服心不服。唯有以理服人,别人才会心悦诚服,没有怨言。

引申

《论语·颜渊》云:"子贡问友。子曰:'忠告而善道之,不可则止,毋自辱也。'"子贡曾经问怎样对待朋友。孔子说:"忠诚地劝告他,恰当地引导他,如果不听也就罢了,不要自取其辱。"

在一个团体里,当领导者用权势、地位、钱财来控制员工时,员工也许迫于当时处境,考虑到利害关系,表面上会毕恭毕敬服从,因为他当前需要这一份工作收入。但是他心里一定是不甘愿、不服气,一旦有比较好的工作机会,他就会选择离开。那么之前团体投入的培养成本就会统统付之东流。

由此我们也可以推广到家庭,当父母以家长之势对待孩子时,孩子迫于经济、生活上的不独立,会屈从于家长,但内心一定会想:等我长大了……可见,高压于人无效、无益、无力。所以家长要懂得教育子女时需柔和、体恤,而不是强势蛮横。教孩子礼让,他会成为一个有分寸的人;教孩子忍让,他会与别人一团和气,不发生冲突;教孩子谦让,他会时时谦卑,懂得替别人着想,为别人留余地。而教的最有效的方法就是日常生活中的身教。

范例——负荆请罪

战国时期廉颇(pō)和蔺(lìn)相如同在朝中做官。廉颇战功卓著,被封为上卿。蔺相如奉命出使秦国,不辱使命,完璧归赵,被封了上大(dà)夫。又陪同赵王赴秦王设下的渑(miǎn)池会,使赵王免受侮辱。为表彰蔺

相如的功劳，赵王封蔺相如为上卿，地位在廉颇之上。老将廉颇很不服，屡次挑衅（tiǎo xìn，蓄意引起争斗）。蔺相如手下的人都埋怨他太软弱，蔺相如却说："秦王不敢进攻我们赵国，是因为武有廉颇，文有蔺相如。如果我们将相不和，秦国必然乘机攻打我们。我之所以礼让廉将军，为的是我们赵国啊！"廉颇听到这番话既惭愧又感动，就向蔺相如负荆请罪。从此二人成了患难与共的朋友，齐心协力报效国家。

 **每周学礼**

本期主题：见面礼仪

一、握手礼：与他人握手时，目光注视对方，微笑致意，不可心不在焉、左顾右盼，不可戴帽子和手套与人握手。在正常情况下，握手的时间不宜超过三秒钟，必须站立握手，以示对他人的尊重、礼貌。握手也讲究一定的顺序：一般讲究"尊者决定"，即待女士、长辈、已婚者、职位高者伸出手来之后，男士、晚辈、未婚者、职位低者方可伸出手去呼应。若一个人要与许多人握手，那么有礼貌的顺序是：先长辈后晚辈，先主人后客人，先上级后下级，先女士后男士。

二、鞠躬礼：鞠躬，意即弯身行礼，是对他人表示友好、敬佩的一种礼节方式。鞠躬前眼睛礼貌地注视对方，以表尊重的诚意。鞠躬时必须立正、脱帽，神情郑重，嘴里不能吃东西，或是边鞠躬边说与行礼无关的话。

三、致意：致意是一种不出声的问候礼节，常用于相识的人在社交场合打招呼，往往采用招手致意、欠身致意、脱帽致意等形式来表达友善。

 拓展训练

扩大心量的训练

一、随喜心的小练习。随喜心就是见别人行善或有好事，随之心生欢喜。

你可以随喜你的同学有好的成绩，随喜他懂礼貌，随喜他写字工整，等等。每天记录下你喜欢的事情。

二、分享欢喜心小练习。把你高兴的事情记录下来，常常拿来和你的朋友分享。

三、在家长的陪伴下，参加公益性活动，做小志愿者。

四、路上见到乞讨的人，经过家长的同意后，可以适当布施给他一点钱。

第七章

亲　仁

释题

这是学生主修的第六门课。"亲仁"就是亲近品德高尚的人，有三层意思：一是指择师、交友的原则；二是学习别人的高尚品德；三是也可以理解为学习圣贤经典和教诲。仁德之人具备哪些特征呢？心存宽厚、念念忠恕、谦卑礼让、以身作则等。孔子说："见贤思齐焉，见不贤而内省也。"意思是说看到某人的优点，就虚心请教，认真学习，想办法赶上他。看到某人的缺点，就反省自己是否有同类的问题需要改正。见贤人，就要向他看齐；看见不贤的人，应当反省自己。

第 25 课

tóng	shì	rén	lèi	bù	qí	liú	sú	zhòng	rén	zhě	xī
同	是	人	类	不	齐	流	俗	众	仁	者	希

guǒ	rén	zhě	rén	duō	wèi	yán	bú	huì	sè	bú	mèi
果	仁	者	人	多	畏	言	不	讳	色	不	媚

néng	qīn	rén	wú	xiàn	hǎo	dé	rì	jìn	guò	rì	shǎo
能	亲	仁	无	限	好	德	日	进	过	日	少

bù	qīn	rén	wú	xiàn	hài	xiǎo	rén	jìn	bǎi	shì	huài
不	亲	仁	无	限	害	小	人	进	百	事	坏

同是人　类不齐　流俗众　仁者希

解字

类：类别。众：多。仁者：品行高尚的人。希：通"稀"，稀少。

释义

同样在世为人，品行高低各不相同。品行一般的俗人很多，仁慈博爱、品德高尚的人却很稀少。

引申

《论语·里仁》云："子曰：'我未见好仁者，恶不仁者。好仁者，无以尚之；恶不仁者，其为仁矣，不使不仁者加乎其身。有能一日用其力于仁矣乎？我未见力不足者。盖有之矣，我未之见也。'"孔子说："我没有见过（自谦）为仁境界最好的人，（也没有见过）所谓最不好的人。（好仁者）即所谓为仁境界最好的人，就是好到无以复加了，（恶不仁者）即最不仁的人，为了做人

的（尊严）（他也）不愿使不仁的（恶名）加在自己身上。有能通过一天努力就达到仁的境界的吗？我还没有看见，或许是力量不够吧。这种人可能还是有的，但我没见过。"

为什么会"流俗众，仁者希"？因为失教了。没有圣贤教诲，不明是非善恶。其实，现在的"流俗众"也是受害者。所谓"先人不善，不识道德，无有语者，殊无怪也"。如果我们的长辈德行不够，是因为他们也没有接受到圣贤教诲，我们不能怪他。现在我们知道了病根在哪里，就要从我们这一代开始，改过迁善，学行圣贤，自己德行扎好了根，才有力量去扶持、提携大众，以彰显道德，普利后人。

导行

1. 班级中出现的好人好事要赞叹支持；班级中发生的不良行为要调解主持公道。

2. 与人交往要慎重，远离品行恶劣的人，以免近墨则黑。

范例——知恩报恩

有个小女孩，与母亲产生矛盾，离家一天未归。由于跑出去的时候没带钱，一天没有吃饭，饿坏了。她走到一个面摊前，看到别人吃面馋得直流口水，面摊老板娘看孩子可怜，就把她叫到身边说："我煮一碗面给你吃，不要钱。"小姑娘吃面的时候，突然掉下了眼泪。老板娘问她为什么哭，小姑娘说："您对我这么好，很感谢您！我是跟妈妈吵架跑出来的。"老板娘慈爱地说："我才给你煮一碗面，你就感动得这样，那你妈妈给你煮过多少碗面？从小到大又为你做了多少事？你都忘记了吗？"小女孩听后，非常惭愧，立刻跑回家，向母亲道歉。

果仁者　人多畏　言不讳　色不媚

解字

果：真正。畏：敬畏，折服。讳（huì）：忌讳。色：表情。媚：献媚。

释义

对于真正品行高尚的人，人们都会心存敬畏。因为仁者说话正直无私没有隐讳，也不会阿谀奉承，讨好于人。

引申

仁者有哪些美德呢？在孔子的学生子贡看来，老师有"温、良、恭、俭、让"五种美德。温：面慈貌和，望之俨（yǎn，庄重）然，即之也温（即远远看到老师非常威仪，心生恭敬之心；靠近老师请教学问又感觉很亲切）；良：心地纯善，只有利他之心，而无自私之念；恭：出门如见大宾，平等恭敬每一个人；俭：心安于道，自奉俭约，视名利如浮云；让：自谦而尊人，言谈举止进退皆合礼仪。常言道："仁者无敌。"胸怀高远、心地宽厚之人不会有敌人。能爱人、恕人、容人，自然能与人、与天地万物和谐共处。

范例——不贪为宝

春秋时期，宋国有个叫子罕（hǎn）的官员，他品德高尚，为政清廉，从不接受别人的礼物，在百姓中很有威望。有一次，一个宋国人怀藏宝玉，兴冲冲地找到子罕说："小人专程来给大人献宝，请大人收下。"子罕接过宝玉看了看说："你还是拿走吧，我不能收。"献宝人以为子罕不识货，子罕却笑着说："我以不贪为宝，你以玉为宝，假如我收了你给我的玉，我们两人岂不都失去了各自的宝？"献宝人听后十分震撼和惭愧。子罕以不贪为宝，其高尚的品德，成为后人学习的榜样。

能亲仁　无限好　德日进　过日少

释义

能够亲近品德高尚的人，对自己有莫大的好处，因为德行会一天比一天增

进，过失会一天比一天减少。

引申

《论语·里仁》云："子曰：'富与贵，是人之所欲也，不以其道得之，不处也；贫与贱，是人之所恶也，不以其道得之，不去也。君子去仁，恶乎成名？君子无终食之间违仁，造次必于是，颠沛必于是。'"

孔子说："富裕和显贵是人人都想要得到的，但不用正当的方法得到它，君子就不会去接受；贫穷与低贱是人人都厌恶的，但若不是用正当的方法去摆脱它，君子就难以坦然承受。君子如果离开了仁德，又怎么能叫君子呢？君子没有一顿饭的时间是背离仁德的，就是在最紧迫的时刻也必须按照仁德办事，就是在颠沛流离的时候，也一定会按仁德去办事。"

这一段，反映了孔子的理欲观。以往的孔子研究中往往忽略了这一段内容，似乎孔子主张人们只要仁、义，不要利、欲。事实上并非如此。任何人都不会甘愿过贫穷困顿、流离失所的生活，都希望得到富贵安逸。但这必须通过正当的手段和途径去获得，否则宁守清贫而不去享受富贵。这种观念在今天仍有其不可低估的价值。

范例——千金买邻

南北朝的时候，有个叫吕僧珍的人。他为人正直，很有智谋和胆略，因此受到人们的尊敬和爱戴，远近闻名。因为吕僧珍的品德高尚，人们都愿意与他亲近和交往。当地还有人将吕僧珍邻居的房子买过来居住。有人问："你买这房子花了多少钱？"那人笑着说："一千一百两银子。一百两是用来买房屋的，那一千两是用来买邻居的。"从这个故事中可见古人亲仁，向学之心多么可贵。

不亲仁　无限害　小人进　百事坏

解字

小人：此指品质恶劣的人。进：接近，靠近。

释义

不亲近有仁德的人，会有无穷的害处。品质恶劣的人接近我们，日积月累影响到我们的言行举止，许多事情也因此不能成就。

引申

对于有缺点、有错误的同学、同事、朋友、家人，不要生厌恶（wù）心，要选择合适的时机，帮助他改过，这才是仁者之心。

范例——齐桓公的教训

齐桓（huán）公是春秋时期著名的政治家，但晚年开始生活腐化，宠信小人。他宠信易牙、竖刁和开方三人。易牙为了让齐桓公尝到人肉的味道，不惜把自己的儿子杀掉。竖刁为了亲近齐桓公，主动阉（yān）割自己成为宦官。开方为了讨好齐桓公，十五年不回家看父母。管仲对他们很反感，多次对齐桓公说："像他们这种杀死自己的儿子、自己阉割自己、背弃父母的人是靠不住的。"齐桓公却听不进去。后来，齐桓公病了，他们原形毕露，封闭宫门，对病重的齐桓公不理不睬，最终齐桓公因食不果腹而死。

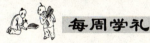 每周学礼

本期主题：公共礼仪（一）——特殊场所的公共礼仪

一、影剧院

（一）应在开场前即时入座。如果自己的座位在中间，应有礼貌地向已就座者示意让自己通过。通过时要与让座者正面相对，切勿让自己的臀部正对着人脸，这是很失礼的。

（二）注意衣着整洁，即使天气炎热，袒胸露腹也是不雅观的。

（三）在影剧院不可大呼小叫，笑语喧哗，也不可乱丢果皮垃圾。

（四）演出结束应有秩序地离开，不要推操。

二、图书馆、阅览室

图书馆、阅览室是公共的学习场所，所以：

（一）要注意衣着整洁，遵守规定，不能穿无袖汗衫和拖鞋入内。

（二）就座时，不要为别人预占位置。查阅目录卡片时，不可把卡片或书翻乱或撕坏，或用笔在卡片上涂抹画线。

（三）要保持安静和卫生。走动时脚步要轻，不高声谈话，不随便吃东西。

（四）爱护图书、桌椅等公共财产，不随意刻画破坏。

亲仁小练习

给你知道的最德高望重的人写一封信，向他表达仰慕求学之心。

第八章
余力学文

释题

余力：多余的时间和精力。文：文献、典籍。也有解释为：古指六艺等有益的学问。

古六艺为当时的礼、乐、射、御、书、数。礼：礼节；乐：音乐、诗歌、舞蹈；射：射箭技术；御：驾驭马车的技术；书：书法；数：算法。我国古代的"六艺"教育强调人的各方面能力的全面发展，要求文武兼备，人格和谐。

"余力学文"意思是说学生在孝、悌、谨、信、泛爱众、亲仁六门主课学好、用好的基础上，有多余的时间和精力，可以用来学习六艺等其他有益的学问，这是辅修的功课。对于辅修，孔子同样重视，子曰："博学于文，约之以礼，亦可以弗畔矣夫。"孔子说："广泛地学习一切知识，用礼仪来约束自己，就可以不背离君子之道了。"本篇强调了理论、实践并重，指出了学习时应把握的原则、态度和方法，以及应该养成的良好习惯。

第 26 课

bú	lì	xíng	dàn	xué	wén	zhǎng	fú	huá	chéng	hé	rén
不	力	行	但	学	文	长	浮	华	成	何	人

dàn	lì	xíng	bù	xué	wén	rèn	jǐ	jiàn	mèi	lǐ	zhēn
但	力	行	不	学	文	任	己	见	昧	理	真

不力行　但学文　长浮华　成何人

解字

力行：亲身实践。但：仅仅，只是。长：增长。浮：空虚，不切实。

释义

如果不能身体力行孝、悌、谨、信、泛爱众、亲仁这些本分，纵然学习了许多知识，也只是增长自己浮华不实的习气，变成一个不切实际的人，如此读书又有何用？

引申

《论语·雍也》云："子曰：'质胜文则野，文胜质则史。文质彬彬，然后君子。'"孔子说："质朴多于文采，就像个乡下人，流于粗俗：文采多于质朴，就流于虚伪、浮夸。只有质朴和文采配合恰当，才是个君子。"

这段话言简意赅，确切地说明了文与质的正确关系和君子的人格模式，高度概括了孔子的文质思想。文与质是对立的统一，互相依存，不可分离。质朴与文采是同样重要的。孔子的文质思想经过两千多年的实践，不断得到丰富和发展，对后世人们的思想和行为，产生了极为深远的影响。

知道了道理，不去做，只会徒劳增长浮华。"力行"就是实践，实践不是

浅尝辄（zhé，就）止，而是需要持久的耐心、毅力和恒心。无论是求学、求艺、治家、治国，没有一蹴（cù）而就的，都需要长时地努力、不懈地进取、持续地改进和完善才能成就。谚语说得好："台上三分钟，台下十年功。"古人也讲"学以致用"，学习的目的是为了运用。

导行

1. 按时上学，不迟到、不早退、不旷课、不逃学，放学后按时回家。

2. 提前准备好学习用品，上课专心听讲，积极思考，大胆提问。课前预习、课后复习。

3. 养成良好的读书习惯，用心专一，不能半途而废。遇到不明白的地方，要及时记录下来，虚心求教他人。

4. 认真按照学校课程要求，学习掌握现代信息技术。

范例——纸上谈兵

赵括是战国时期赵国大将赵奢的儿子。从小熟读兵法，讲起战术滔滔不绝，自以为天下无敌，赵奢却不以为然。有一年，秦国攻打赵国，赵国派老将廉颇前去抵挡。廉颇很有经验，他根据敌强我弱的形势，采取坚守不出、保存实力的策略，有效地阻止了秦国的进攻。秦国连攻三年也没有打赢赵军。秦国见廉颇难对付，就采用了反间计，派人散布流言，挑拨赵王和廉颇的关系。赵王中计，派只会空谈兵法的赵括代替了廉颇。赵括没有分析敌情，轻率地改变了老将廉颇的战略，在秦军的引诱下出兵迎战，结果使四十万大军全军覆没，赵括被乱箭射死。

但力行　不学文　任己见　昧理真

解字

任：放任，由着。昧：昏暗，这里指不明白。理真：真正的道理。

释义

如果只做事，不读书，一味地任凭自己的见解去衡量万物，难免会失于客观公正。

引申

《论语·为政》云："子曰：'学而不思则罔，思而不学则殆。'"孔子说："只读书学习，而不思考问题，就会惘然无知而没有收获；只空想而不读书学习，就会疑惑而不能肯定。"孔子认为，在学习的过程中，学和思不能偏废。他指出了学而不思的局限，也道出了思而不学的弊端。主张学与思相结合。只有将学与思相结合，才可以使自己成为有道德、有学识的人。

《论语·颜渊》云："曾子曰：'君子以文会友，以友辅仁。'"曾子说："君子以文章学问来结交朋友，依靠朋友帮助自己培养仁德。"曾子继承了孔子的思想，主张以文章学问作为结交朋友的手段，以互相帮助培养仁德作为结交朋友的目的。这是君子之所为。

"力行"的精神固然可嘉，但如果方向错了，走得越久，差得越远。文以载道，学以明理，以行践理，明理，正行。邓小平有句名言："实践是检验真理的唯一标准。"道出了"知"与"行"的有机统一关系。"知"和"行"如车之两轮，倘若一轮不转，车就难以顺利前行。

学习圣贤教育，也要学行结合，并且要多参与一些共学，通过共学可以借鉴别人学行之长，发现自己的问题或偏执，及时导正，才能学有所长，行有所用，逐步契合圣贤之道。

范例——士别三日，刮目相待

三国时，据有江东六郡的孙权，手下有位名将叫吕蒙。他身居要职，但因小时候依靠姐夫生活，没有机会读书，学识浅薄，见识不广。

有一次，孙权对吕蒙和另一位将领蒋钦说："你们现在身负重任，得好好读书，增长自己的见识才是。"

吕蒙不以为然地说："军中事务繁忙，恐怕没有时间读书了。"

孙权开导说："我的军务比你们要繁忙多了。我年轻时读过许多书，就是没有读过《周易》。掌管军政以来，读了许多史书和兵书，感到大有益处。当年汉光武帝在军务紧急时仍然手不释卷，如今曹操也老而好学。希望你们不要借故推托，不愿读书。"

孙权的开导使吕蒙很受教育。从此他抓紧时间大量读书，很快大大超过一般儒生读过的书。

一次，士族出身的名将鲁肃和吕蒙谈论政事。交谈中鲁肃常常理屈词穷，被吕蒙难倒。鲁肃不由轻轻地拍拍吕蒙的背说："以前我以为老弟不过有些军事方面的谋略罢了。现在才知道你学问渊博，见解高明，再也不是以前吴下的那个阿蒙了！"

吕蒙笑笑："离别三天，就要用新的眼光看待。今天老兄的反应为什么如此迟钝呢？"接着，吕蒙透彻地分析了当前的军事形势，还秘密地为鲁肃提供了三条对策。鲁肃非常重视这些对策，从不泄露出去。

后来，孙权赞扬吕蒙等人说："人到了老年还能像吕蒙那样自强不息，一般人是做不到的。一个人有了富贵荣华之后，更要放下架子，认真学习，轻视财富，看重节义。这种行为可以成为别人的榜样。"

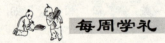
每周学礼

本期主题：公共礼仪（二）—— 特殊场所的公共礼仪

一、乘车礼仪

（一）骑自行车：要严格遵守交通规则。不闯红灯，骑车时不互相追逐或曲折竞驶，不骑车带人。遇到老弱病残孕动作迟缓，要给予谅解，主动礼让。

（二）乘火车、轮船：在候车室、候船室里，要保持安静，不大声喊叫。上车、登船时要依次排队，不乱挤乱撞。在车厢、轮船里，不随地吐痰，不乱丢纸屑果皮，也不应让小孩随地大小便。

（三）乘公共汽车：车到站时应依次排队，先下后上，对老弱病残孕者要照顾礼让；上车不抢占座位，不替别人占座，主动让座给老弱病残孕及怀抱婴儿的乘客；听从司乘人员的引导；后下车的乘客应主动给先下车的乘客让道；保持车厢和站点的环境卫生；雨雪天妥善放置所携雨具，以免影响他人。

二、旅游观光礼仪

（一）游览观光：旅游观光者应爱护旅游观光地区的公共财物。对公共建筑、设施和文物古迹，甚至花草树木，都不能随意破坏；不能在柱、墙、碑等建筑物上乱写、乱画、乱刻；不随地吐痰、随地大小便、污染环境；不乱扔果皮纸屑、杂物。

（二）宾馆住宿：旅住宾馆，不在房间里大声喧哗，以免影响其他客人。对服务员要以礼相待，对他们所提供的服务要表示感谢。

（三）饭店进餐：尊重服务员的劳动，对服务员应谦和有礼，当服务员忙不过来时，应耐心等待，不可敲击桌碗或喊叫。对于服务员工作上的失误，要善意提出，不可冷言冷语，加以讽刺。

拓展训练

制作《弟子规》力行表

把学习《弟子规》应该做到的事情和不应做到的事情都列出来，做成一张表格，每天对照是否做到上面的要求。

第 27 课

dú	shū	fǎ	yǒu	sān	dào	xīn	yǎn	kǒu	xìn	jiē	yào
读	书	法	有	三	到	心	眼	口	信	皆	要

fāng	dú	cǐ	wù	mù	bǐ	cǐ	wèi	zhōng	bǐ	wù	qǐ
方	读	此	勿	慕	彼	此	未	终	彼	勿	起

kuān	wéi	xiàn	jǐn	yòng	gōng	gōng	fū	dào	zhì	sè	tōng
宽	为	限	紧	用	功	工	夫	到	滞	塞	通

xīn	yǒu	yí	suí	zhá	jì	jiù	rén	wèn	qiú	què	yì
心	有	疑	随	札	记	就	人	问	求	确	义

读书法　有三到　心眼口　信皆要

解字

信：一种解释为"的确，确实"。另一种解释为"信心"，一方面信古圣先贤的教诲真实不虚；另一方面信自己心、眼、口合一并用，能于读书中领悟到圣贤之心。要：齐备，具备。

释义

读书的方法，讲究三到：心到，眼到，口到。也就是用心记，仔细看，专心读，具备信心，就能够领会书中的真实意义。

引申

朱熹《训学斋规》云："读书有三到，谓心到、眼到、口到，心不在此则眼不看仔细，心眼既不专一却只漫浪诵读，决不能记，记不能久也。三到之中心到最急，心既到矣，眼口岂不到乎。"

范例——王瞻 (zhān) 读书

王瞻是南北朝时期的著名学者，自幼酷爱读书。读书的时候，专心致志，即使有再大的干扰，也不分心。有一天，王瞻和同学在学堂里读书，忽然外面传来一阵锣鼓声，十分热闹。原来附近一家有钱人正举行婚礼。许多同学都坐不住了，纷纷去看热闹。不一会儿，同学们都跑光了。只有王瞻坐在自己的座位上，一动不动，继续阅读文章。老师见王瞻这个六七岁的幼童竟有这样大的自制力，十分欣赏。正是因为具有这种异于常人的品质，后来王瞻成了著名学者。

方读此　勿慕彼　此未终　彼勿起

解字

方：副词，正在。慕：贪求。彼：别的。终：结束。起：开始。

释义

读这本书的时候，不要想着另一本书。这本书还没读完，就不要去读另一本书。读书要用心专一，才能有收获。

引申

《中庸》云："博学之，审问之，慎思之，明辨之，笃行之。"经典告诉我们，学习要经过学、问、思、辨、行几个步骤，读书、做学问不能贪多，也不能贪快，否则容易轻浮、躁动。心思不专注，就不能通达书的真实义理。花费大量时间和精力，却是囫囵吞枣，了无收益。所以读书、做事都要潜心专一，心无旁骛 (wù，追求)，才能融会贯通。清朝曾国藩也说："心中不可无书，桌上不可多书。"

导行

1. 读书、做事要有计划，一件一件去执行，要养成这样的做事习惯。

范例——赵普夜读

赵普是北宋的开国宰相，一生喜爱读书。有天晚上，宋太祖赵匡胤（yìn）前去看他，一进门，见赵普正在挑灯夜读。赵匡胤见他读的是《论语》，便奇怪地问他："《论语》是学生们读的书，你怎么还在读？"赵普说："齐家、治国、平天下的道理全在这本书中。我只用半部《论语》助您打天下。现在，还要用半部《论语》为您治天下。"赵普读了一辈子《论语》，可以说他对《论语》进行了专门的研究和实践，并成为他治国、平天下的资本。

宽为限 紧用功 工夫到 滞塞通

解字

宽：放宽，放松。限：期限。紧：加紧、抓紧。滞塞：堵塞，不通达，这里指读书上遇到的障碍。

释义

不妨把学习的时间安排得充裕一些，但在学习时要加紧用功，只要工夫到了，不懂的地方自然就明白了。

引申

明朝李开先《李中麓（lù）闲居集》云："孔子之终日不食终夜不寝，颜子之仰钻瞻忽，是乃圣贤传心一脉，吃紧用功处，不外乎此。使其功业早毕。"每天最好"今日事，今日毕"，就像算账一样日清日结。这样，每天的任务和工作不会累积，造成压力，完成后也会觉得轻松和踏实。学习是螺旋式渐进的，当天的功课不完成，就会给第二天的学习造成困难。

范例——王冕（miǎn）牧牛学画

王冕是浙江人，元朝末年出生在一个贫苦农民家里，他七岁就没了父亲，靠母亲给人做针线活过日子。他没钱读书，就每天悄悄躲在学堂外听课，听一句，记一句。

十岁的时候，家里实在生活不下去了，母亲让他去帮人放牛。王冕放牛，牛角上总挂着书。他喜欢把牛赶到湖边放牧，湖边有绿草，岸上有垂柳。他让牛在湖边吃草，自己就在树荫下读书。有时候放牛得到几个买点心的钱，他舍不得花，都用来买书。

白天可以在树下看书，晚上点不起灯怎么读书呢？他就跑到庙里，借着佛殿里的长明灯读书，一读就是半夜。一天天气闷热。王冕正在树下读书，忽然乌云密布，接着下起了一场大雨。大雨过后，远山近树都像洗过一样，阳光从云缝里透出来照着湖光山色。湖里有一片亭亭玉立的荷花，水珠在荷叶上滚来滚去。王冕想：我要能把这美丽的景致画下来该有多好！

他决心要学画，没有笔，他就向邻居借来。他又榨出树叶的绿汁，研磨红石粉末做成颜料。有了笔墨颜料，他就开始画起来。最初画得不太好，但他并不灰心，他细细地观察荷花荷叶的样子，用心地描画，天天画、天天练，画得越来越好了。三个月之后，王冕画的荷花就十分美了。颜色、神态就像真的荷花一样。

乡间人见王冕画得好，都爱他的画，就拿钱来买。王冕得了钱，就买些好东西孝敬母亲和买纸笔颜料继续画画。

王冕又努力学习天文、地理、历史、经济等各项重要学问，他不但成为一个大画家，而且成为一个大学者。

心有疑　随札记　就人问　求确义

解字

疑：疑问。札（zhá）：古时用的小木片。札记：就是将读书心得、体会

和见闻及时记录的一种文体。就：靠近，接近。确：真实。

释义

求学当中心有疑问，应随时记笔记，以便及时求教良师益友，求得准确真实的意义。

引申

《论语·公冶长》云："子贡问曰：'孔文子何以谓之文也？'子曰：'敏而好学，不耻下问，是以谓之文也。'"子贡问道："为什么给孔文子一个'文'的谥号呢？"孔子说："他聪敏勤勉而好学，不以向比他地位卑下的人请教为耻，所以给他谥号叫'文'。"所以，做学问应该有不耻下问的精神。

但是有些同学不专心听讲，到写作业时就求助同学。这个习性养成，贻害无穷。如果遇到这样的同学，我们要委婉地规劝，破除他的依赖思想。

所谓学问，是告诉我们既要学又要问，也要问对人。有疑问的时候去请教有德行、学有专长的人。如果我们有执著，就不能再去找一个看法和我们相近的人，应该请教那些公正、诚实的人。

导行

2. 读书做事要养成随时记录的习惯。

3. 有问题不能解决，要及时请教老师或同学。

范例——戴震的疑问

清朝雍正年间，在安徽休宁县一个乡村私塾里，有个胡须斑白的老先生。一天，他在给学生们讲解《大学》的内容时，引经据典讲得津津有味。这时，坐在后排的一个孩子举起了手。这个小朋友就是戴震。他说他有个问题不明白。老先生和气地向他点点头，示意他讲出来。

戴震站起来，先向老师鞠了一躬，然后问："老师，您怎么知道刚才讲的是孔子本人的意思？又怎么知道这是曾子记下来并由他的学生编写出来的？"

老先生不慌不忙地说："这都是宋代大儒朱熹为《大学》所作的注上讲的啊。"

戴震又问："孔子和朱熹经常聊天吗？"

老先生听了，觉得这孩子幼稚可爱，笑着回答说："孔子是春秋时期的人，朱熹是南宋时期的人，他们不是同一个时代的，怎么可能一起聊天呢？"

同学们一听老先生的回答，都哄堂大笑。然而，戴震似乎没有觉察到，他也不理会同学们的议论。事实上，他对老师的回答还是不满意。

老师和颜悦色地对学生们说："大家安静下来。让他继续发问。学问学问，就是有学有问。"于是戴震接着问："春秋和南宋相差多长时间？"

"大约一千多年。"老先生很从容地回答，并想弄清楚戴震要问的究竟是什么？

"南宋和春秋时期相距那么久远，那么朱熹又是如何知道得那么清楚的呢？"

老先生面对戴震的问题，表情从惊讶、迟疑转为不住的赞许，说："戴震，你提的问题，我现在也说不清楚。不过，可以肯定地讲这是个好问题。你这种肯动脑筋、敢于提问的精神很好，今后继续努力吧。"

后来，戴震牢记老师教诲，勤思善问，对哲学、数学、天文、地理、历史和语言都进行了广泛的研究，取得了杰出的成就。

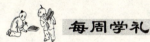 **每周学礼**

本期主题：会客礼仪

一、见面先致敬，熟客道寒暄，生客请姓字住址。

二、及门先趋，为客开关。

三、每门必让客先行。

四、入门必为客安座。

五、室内有其他客人，应予介绍，先介绍幼于长，介绍卑于尊，介绍近于远，同辈则介绍前于后。

六、敬茶果先长后幼，先生后熟。

七、主人必下座，举杯让茶。

八、客去必送致敬，远方客必送至村外或路口，望人车远离，始返。

九、远方客专来，须备饮食、寝室，导厕所，导沐浴。

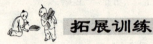 **拓展训练**

读书计划

一、检视自己喜欢什么门类的书籍，在家长和老师的帮助下，为自己定制一个一年的读书计划，计划要求定制到每个月。

二、准备个笔记本，随时记录你的想法和疑问。

三、在老师或家长指导下，学习写读书心得。

第28课

fáng	shì	qīng	qiáng	bì	jìng	jǐ	àn	jié	bǐ	yàn	zhèng
房	室	清	墙	壁	净	几	案	洁	笔	砚	正

mò	mó	piān	xīn	bù	duān	zì	bú	jìng	xīn	xiān	bìng
墨	磨	偏	心	不	端	字	不	敬	心	先	病

liè	diǎn	jí	yǒu	dìng	chù	dú	kàn	bì	huán	yuán	chù
列	典	籍	有	定	处	读	看	毕	还	原	处

suī	yǒu	jí	juàn	shù	qí	yǒu	quē	huài	jiù	bǔ	zhī
虽	有	急	卷	束	齐	有	缺	坏	就	补	之

房室清　墙壁净　几案洁　笔砚正

解字

清：洁净。几：小或矮的桌子。案：狭长的桌子。砚：砚台。

释义

房间要整洁，墙壁要保持干净。读书时，笔、墨、纸、砚等文具要放置整齐，不能凌乱，触目所及皆是井井有条，有利于静下心来读书。

引申

宋朝费衮（gǔn）《梁溪漫志》卷三的《司马温公读书法》，记载了司马光读书的方法："司马温公独乐园之读书堂，文史万余卷……至于启卷，必先视几案洁净，以茵褥，然后端坐看之。或欲行看，即承以方版，未尝敢空手捧之，非惟手汗渍及，亦虑触动其脑。每至看竟一版，即侧右手大指面衬其沿而覆，以次指面捻而挟过，故得不至揉熟其纸。"

　　整洁干净的环境会给我们带来愉悦的心境。到这样的环境中要生起感恩心、恭敬心，因为这是别人辛勤劳动的结晶，我们应该倍加珍惜、爱护。同时从这个地方我们也要"见人善，即思齐"，把教室、自己的家里、办公室等环境打扫干净，把各种物品摆放有序、置放有位。为老师、同学、家人或同事创造身心安适的环境。

　　如果我们已经身为家长，自己首先要养成好习惯，给子女做出好榜样；其次要引导、指导孩子学会自己动手整理房间，有条不紊（wěn，乱）地安排学习和生活，孩子从中会有成就感，更能"习劳知感恩"。

导行

1. 学习环境需保持整洁，文具摆放要整齐有序。
2. 不要三心二意地学习。

范例——一室不治，何以天下家国为

　　清朝学者刘蓉在他的《习惯说》中，讲了一件事。

　　刘蓉年少的时候，在居室西侧一间屋子里读书。他低下头就读书，遇到不懂的地方就仰头思索，想不出答案便在屋内踱来踱去。这屋有处洼坑，直径一尺，逐渐侵蚀扩展。每次经过，他总要被绊一下。起初，他感到很别扭，时间一长也习惯了，再走那里就同走平地一样安稳。

　　刘蓉的父亲发现这屋地面的洼坑，笑着对他说："你连一间屋子都不能治理，还能治理国家吗？"随后叫仆童将洼坑填平。

　　父亲走后，刘蓉读书思索问题又在屋里踱起步来，走到原来洼坑处，感觉地面突然凸起一块，心里一惊，低头看，地面却是平平整整，他别扭地走了许多天才渐渐习惯起来。

　　人处于习惯之中不得了！脚踏在平地上，便不能适应坑洼；时间久了，洼地就仿佛平了；以至把长久以来的坑填平，恢复原来的状态，却认为是阻碍而不能适应。因此君子求学，贵在慎重地对待开始阶段的习惯养成。

墨磨偏　心不端　字不敬　心先病

解字

不端：指心不在工作状态。敬：本义为恭敬、端肃。恭在外表，敬存内心。如果写字时没有恭敬心，写出来的字就不端正，没有神韵。病：生理上或心理上不正常的状态，这里指心不安定。

释义

古人写字使用毛笔，写字前先要磨墨，如果把墨磨偏了，说明心不在焉。如果字写得潦草、不工整甚至蹭墨，表明书写时内心浮躁不安，思想不集中。必须专心致志，制心于一处，才能做好要做的事。

引申

元代《居家必用事类全集》云："凡写文字须高执墨锭，端正研磨，勿使墨汁污手。凡写字，未问写得工拙如何，且要一笔一画严正分明，不可潦草。凡写文，须要仔细看本，不可差讹。"

古人教导子女写字，先从磨墨来训练耐心。意念和心态很重要。写字要意在笔先，不管是毛笔字还是硬笔字，都如此。要专心和耐心，每一笔都要清爽、干净、到位。一笔一画无不是在书写自心，显发自心。写字是这样，做任何事情都是这样。出现疏漏、错误时，首先反躬自省，力行改过。

导行

3. 认真学习语言文字，书写工整，卷面整洁，避免写错别字。

范例——王献之学书

王献之是东晋书法家王羲（xī）之的儿子，自幼随父王羲之学习书法。没学

多久，就觉得功夫差不多了，便写了一篇字，拿去给父亲看。王羲之看后，什么话也没说，在他所写字中的一个"大"字下点了一个点。王献之不明父意，就拿去让自己的母亲看。母亲看了王献之所写的字后，指着王羲之写在上面的那一点，对他说："这一点写得不错。"王献之听了，才知道自己和父亲的书法造诣（yì）还相差很远，从此踏踏实实一心练字。后来书艺与父齐名，人称"二王"。

列典籍　有定处　读看毕　还原处

解字

列：排列，横排为列。典：指可以作为典范的重要书籍，如经典。籍：书册。定处：固定的地方。毕：结束。

释义

经典书籍应分类，排列整齐，放在固定的位置。读诵完毕须归还原处，便于下次查找。

引申

明朝胡应麟《少室山房笔丛正集》卷四载赵子昂的一篇跋语，成为后世传颂的名言："聚书、藏书良匪易事。善观书者，澄神端虑，净几焚香，勿卷脑、勿折角、勿以爪侵字、勿以唾揭幅、勿以作枕、勿以夹刺。随损随修，随开随掩。后之得吾书者，并奉赠此法。"可见古人对书籍的爱护。

无论是书籍，还是其他物品，都要用后归原，整洁有序，便于下次查找取用。在家如此，到图书馆、阅览室也应如此。书如同我们的老师，当我们展卷读书的时候，犹如面对老师。对书不敬，如同对老师不敬。能用心读书，便能从中领受更多妙义。

导行

4. 爱惜书籍，经常整理书架，把书籍分门别类地放在固定的地方。

范例——颜之推爱书

北齐著名教育家颜之推，撰有名著《颜氏家训》二十篇，主张以儒家传统思想为立身治家之道。在书中，颜之推教导子弟必须攻读经典，守道崇德，修身齐家。颜之推对书籍十分爱护，当他看到有的人把书乱七八糟地堆放在桌子上，那些分散的书卷，大多被孩童、婢女、侍妾弄脏，或被风雨侵蚀、被虫鼠蛀咬所毁伤，就大力批评说这实在有损道德。他教导子弟说："我每次读圣人的书，都严肃恭敬地面对它的。那些古书上有'五经'的文义以及贤达的姓名，可不敢用在污秽的地方呀。"又说："借别人的书籍，都应当爱护，借来时如有缺坏，就替别人修补好，这也是士大夫百行之一啊。"

虽有急 卷束齐 有缺坏 就补之

解字

急：紧急情况。卷：古指书的卷轴，今为书籍通称。束：捆绑，指把书籍存放好。

释义

读书人要爱惜典籍。即使有急事，也要把刚用的书本收好后再离开。书本是智慧的结晶，有缺损就要修补，保持完好。

引申

北齐颜之推《颜氏家训》云："借人典籍，皆须爱护，先有缺坏，就为补治……读书未竟，虽有急速，必待卷束整齐，然后得起。"

时时将恭敬心普遍对待一切人、事、物，就是在落实"泛爱众"。古人要获得一本书非常不容易，所以有很多关于借书挑灯夜读的故事。他们往往因为书的来之不易而倍加珍惜，有缺坏时都会很用心地修补好。现在印刷技术发

达，获得一本书易如反掌。或许因此，很多人不能珍惜我们拥有的书籍，随便折角、乱画、翻阅。要知道这些凝聚着圣贤智慧的瑰宝能够流传到我们的手中，经过了无数先贤、老师和工人的心血和劳动，我们应该惜字如金，爱书如宝。

导行

5. 不管事情多忙，自己的书桌文具一定要收拾干净。

6. 爱护书籍，如果有损坏，一定要想办法修补。

范例——韦编三绝

韦：熟牛皮。韦编：用熟牛皮绳把竹简编联起来。三：概数，表示多次。绝：断。

孔子少年时就勤奋好学，十七岁因为知识渊博而闻名鲁国，这当然和孔子的刻苦读书分不开。那时没有发明纸，书就是将文字刻在竹简上用牛皮绳串起来而成的简书。据说孔子到了晚年喜欢阅读《易经》。《易经》是一本很难懂的书，孔子经常翻看，反复学习，一直到学懂弄通为止。因为每天翻阅，穿竹简的牛皮绳多次磨断，磨断一次，孔子就再整理一次，一直保存完好。这一方面反映孔子很刻苦，另一方面可以看到孔子在读书的过程中十分爱护书。就这样，孔子熟读《易经》，写出了十篇体会文章，即《十翼》。后来人们把孔子写的《十翼》附在《易经》的后面，作为学习《易经》的辅导书。

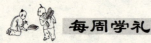
每周学礼

本期主题：谈话礼仪

一、要注意语言文明、语气诚恳、语调柔和、语速适中、吐字清晰；称呼要多用尊称、敬称，少用别称，尽量不直呼其名。

二、交谈要使对方感到愉快，多谈对方擅长或感兴趣的领域，要格调高雅、欢快轻松，不要涉及对方弱点与短处，个人隐私、庸俗话题及小道消息不要谈及。

三、发问要适时，要多谈大家，少谈自己。交谈中自吹自擂、说个没完、无事不晓、语言刻薄、逢人诉苦、不言不语都是不受欢迎的。谈话时要有礼有节，尽心倾听，有问必答。不要轻易打断别人谈话或随便走开。更不能面带倦容、打哈欠、看手表。男子不要加入女士圈内的议论。与异性谈话要简短、谦让，有节制，不随便开玩笑。

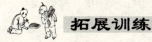 **拓展训练**

整理书籍小练习

一、整理自己所有的书籍，按门类编号，分别存放管理。并把不需要的书籍拿出来，在爸爸妈妈的帮助下，捐给图书馆或慈善机构。

二、自己包书皮，制作一张精美的书签。

三、学习用最工整的字体书写作业。

《弟子规》践行教材

第 29 课

fēi shèng shū   bǐng wù shì   bì cōng míng   huài xīn zhì
非 圣 书   屏 勿 视   蔽 聪 明   坏 心 志
wù zì bào   wù zì qì   shèng yǔ xián   kě xún zhì
勿 自 暴   勿 自 弃   圣 与 贤   可 驯 致

非圣书 屏勿视 蔽聪明 坏心志

解字

圣书：传述圣贤言行的著作。屏：通"摒"，排除，撇开。蔽：蒙蔽。坏：毁坏。

释义

不是传述圣贤言行的著作，以及有害身心健康的不良书刊，都应该摒弃不看，因为书里面不正当的事理，会蒙蔽我们的智慧，破坏我们的心志。

引申

不但非圣贤的书不能看，凡是不合乎礼法和圣贤教诲的影视作品、网络资讯也不应该看。不端正的言行我们也不应该学，更不应该传播。它们就像墨汁一样，哪怕是一滴，滴入清澈的水中也会令清澈之水混浊。所以，孔夫子谆谆告诫我们："非礼勿视，非礼勿听，非礼勿言，非礼勿动"，就是怕我们的身心被外面种种境界染污。从这些地方我们要能体会到圣贤的存心和恩德。

导行

1. 读书要有选择，读真正的经典。
2. 诚实守信，学习不能敷衍，不能投机取巧，按时独立完成作业。

190

范例——康熙庭训

《康熙教子庭训格言》云："古圣人所道之言即经，所行之事即史。开卷即有益于身。尔等平日诵读及教子弟，惟以经史为要。夫吟诗作赋，虽文人之事，然熟读经史，自然次第能之。幼学断不可令看小说。小说之事，皆敷演而成，无实在之处，令人观之，或信为真，而不肖之徒，竟有效法行之者。彼焉知作小说者譬喻、指点之本心哉！是皆训子之道，尔等其切记之。"

这段话的意思是：古代圣贤说的话就是经典，做的事就是历史。所以，开卷有益。平常诵经读书以及教导子弟，应该以经史作为主要内容。吟诗作赋，虽说是文人学士的事情，但平时只要熟读经史，日积月累，自然也能做到。童年时期，尽量远离小说之类的书籍。因为，小说描述的事情，大都是作者夸张、引申而成的，缺少实实在在的东西。如果让儿童读了这些书，就会信以为真，尤其是那些不成才、不正派的子弟，会照着小说上的人物去行事。他们哪里能知道小说的作者运用譬喻、指点手法的真正目的呢！这些都是教导子弟的重要道理，你们一定要牢牢记住。

同时，康熙皇帝也自我勉励，他说："朕（zhèn，皇帝自称）贵为天子，有很多话听不到，我唯一每天要做的事情就是读古书。"康熙皇帝是用圣贤的经典来检查自己每日的所作所为，使自己能够真正做到《中庸》上所讲的"君子动而世为天下道，行而世为天下法，言而世为天下则"。也就是说，君子的言行举动世世代代成为天下的先导，君子做事世世代代成为天下的楷模，君子的言论世世代代成为天下民众的法则。同时，他每日请儒学大家在皇宫里讲"四书"。康熙皇帝在位六十一年，开启了"康乾盛世"，这与他学习、提倡和推崇圣贤经典、圣贤教诲是密不可分的。

勿自暴　勿自弃　圣与贤　可驯致

解字

自暴自弃：语出《孟子·离娄上》："孟子曰：'自暴者，不可与有言

也；自弃者，不可与有为也。言非礼义，谓之自暴也；吾身不能居仁由义，谓之自弃也。仁，人之安宅也；义，人之正路也。旷安宅而弗居，舍正路而不由，哀哉！'"孟子说："自己糟蹋自己的人，和他没有什么好说的。自己抛弃自己的人，和他没有什么好做的。出言便诋毁礼义，叫做自己糟蹋自己。自认为不能居仁心，行正义，叫做自己抛弃自己。仁，是人类最安适的精神住宅；义，是人类最正确的光明大道。把最安适的住宅空起来不去住，最正确的大道舍弃在一边不去走，这可真是悲哀啊！"驯：渐进之意。致：达到。

释义

自己糟蹋自己叫"自暴"，自己瞧不起自己叫"自弃"。遇到困难和挫折的时候，不要自暴自弃，也不必愤世嫉（jí）俗，看什么都不顺眼，应该发奋向上，努力学习。圣贤的境界虽高，我们通过循序渐进的修学，也可以达到。

引申

《荀子》云："'涂之人可以为禹。'曷（hé，通"何"）谓也？曰：'凡禹之所以为禹者，以其为仁义法正也。然则仁义法正有可知可能之理。然而涂之人也，皆有可以知仁义法正之质，皆有可以能仁义法正之具，然则其可以为禹明矣……今使涂之人伏术为学，专心致志，思索孰察，加日县久，积善而不息，则通于神明，参于天地矣。故圣人者，人之所积而致矣。'"

一个人可以经历种种坎坷，身处种种磨难困境，但不可以没有自信。所谓"天生我材必有用"。《孟子》云："舜何人也？予何人也？有为者，亦若是！"意思是说，舜是一位什么样的人？我是一位什么样的人？假如我们能像舜王那样忍辱、仁厚地躬行孝道，我们也能像他那样成为一个大孝感天的人。学习圣贤教诲也是如此。一要立志，二要力行。"道"字即包含了这两层意思。"道"字本身的含义是："首"代表首先，"之"代表力行，即有道德的人首先要力行。

导行

3. 要立大志，胸怀祖国，放眼世界，善思好学，踏实勤奋，立志做一个品德高尚的人。

范例——王羲之受教

东晋王羲之是我国著名的书法家，被书法界尊崇为"书圣"。他写的《兰亭集序》被誉为至宝。他也曾因众人的赞誉而自鸣得意。有一天，他到一家小吃店吃水饺，发现水饺都是从墙的另一边一个个扔到开水锅里的，而且准确无误。他十分好奇，绕到墙后一看，见是一位老太太在包饺子，包好后头也不抬就扔过墙去。王羲之问她有什么诀窍，老太太说："只是熟练罢了！"王羲之听后，觉得自己的字远没有达到这样熟练的程度。于是更加严格地要求自己，最终成为"书圣"。

每周学礼

本期主题：演讲礼仪

一、演讲前要作充分的准备，真情流露比照本宣科更有动人的魅力。

二、衣着上循分，下称家，适宜演讲环境，不华贵亦不随便。

三、演讲者上台要步从容，立端正。

四、演讲者演讲前要先微笑环视听众，谦辞感恩，鞠躬行礼。

五、演讲者要吐字清晰，不急不缓，抑扬有度。

六、演讲语言和内容弃恶扬善，不抨击、影射别人，言出必恭敬有礼。

七、演讲时举止优雅，从容大方，可用肢体动作配合演讲，但动作不应过大或频繁。

八、演讲者不能双手撑着讲坛或插入衣兜内，身体不能前倚后靠。

九、演讲完毕，谦辞不足，向听众鞠躬致谢。

 **拓展训练**

立下自己的志向

　　认真思考一下，自己长大后要做一个什么样的人，从事什么样的工作，要读到什么学位，要实现什么样的理想。写下来，并请爸爸妈妈帮助保存起来。此后，常常以自己的志向和理想来激励自己。

附录 I 《弟子规》学习简报选登

【2008 年第 5 期】

2008 年 4 月 19 日

2008 年 4 月 19 日上午，阳光明媚，华藏图书馆迎来了第五次《弟子规》学习活动。张广、聂路欢、谭爱国、龚仆、丁加兵、王娜娜、苟鉴、龙多、谷炜、鲁治、滕树琴、冯广远等共十二人参加。

本次学习主题为《弟子规·入则孝》里"亲所好　力为具　亲所恶　谨为去　身有伤　贻亲忧　德有伤　贻亲羞"八句话。

列队向至圣先师孔夫子像三鞠躬后，谷炜同学讲解了"站姿"礼仪。

通读《弟子规》并学习教材后，大家止语三十分钟写学习心得，然后轮流上台分享：

张　广：

对父母的"好"一方面要从饮食、身体上多多体恤。我们在外的游子回家探亲的时候，要带些平时父母不曾见到、吃到的食品给父母品尝。虽然他们心疼我们在外面挣钱不容易，口说不好吃，不让以后再买，但我们能观察到父母在品尝这些儿女辗转千里带回的食物的时候是喜形于色的。他们欢欣的是儿女这份反哺的孝敬之心。另一方面，留意父母身体上、心理上的变化和需求，予以满足。学人母亲身体胖，父亲腰不好。学人就和弟弟从北京买了一个按摩椅给父母带回去，希望他们劳累了可以通过按摩缓解一下疲惫。父亲六十岁了，骑自行车带母亲出行也有些力不从心了，学人和弟弟就给父母买了一个家用的三轮摩托，这样他们出行就方便多了。学人的体会就是要善体亲心，以安其心。宋朝有个文学家黄庭坚，他的孝行被列入古代二十四孝之一。虽官至太守，但孝养父母每事躬亲，体贴入微。因母亲最爱洁净，他每天亲自为母洗刷便桶，以安亲心。正所谓"儿不躬亲心不喜"。对父母所讨厌、不喜欢的事或

人，即使这其中有不圆满的地方，我们也尽量不要拂逆他们，要善巧，要待机去化解。

我们的身体为父母所生，我们要好好爱护，任何损伤都痛在亲心。对于"德"，不是说我们做了大的错事才会伤德，凡是伤害别人的言行均不应为。因为行为有反作用力，这些反作用带来的伤害不仅伤己，母子连心，自然也会伤害到父母，令父母蒙羞。儿女日常的言语造作就是父母的名片，这个名片递出去要让父母光彩，而不是让他们难堪。针对今天主题学习感怀两句自勉：

若将父母挂心头，

行止进退有方筹；

志在圣贤德日进，

报恩之心化九州。

聂路欢：

最近在看一本书，给我的启示就是要学会换位思考。如果我们能把这个方法运用于生活、工作中，很多问题就能迎刃而解，也就能体会到父母乃至其他人的心。例如我如果回了公婆家，甩手不干活，就是没有换位去体会长者期许的心。去公婆那里是去侍养父母，而不是去那里享受，让公婆为自己辛劳忙活。

另外就是做事情的时候要像父母对儿女那样，有一颗不求任何回报的心。我之前做事情，常常抱着期望回报的心态，希望别人夸。一旦别人不是很接受、不理解，自己心里就不很愉快。后来自己想开了，做任何事情要抱持着不求回报的心态，自己自在，也不会给别人带来压力，而且善心能够感化他人。

谭爱国：

孝的对象不仅仅包括我们的父母，引申开来，包括一切众生，我们都要同样地对待。为人子女要经常按照这些规矩去要求自己，为人父母也要根据这些去言传身教子女，用正面的行为影响子女。不要有不好的习惯，给子女以不好的熏染。自己需要反思自己有多少好习惯和坏习惯，不仅仅是刚才讲到的骄、奢、淫、逸等，要像曾国藩一样时时刻刻做到修身。有些不好的习惯，后果不仅仅是贻亲羞，简直是贻国羞。身体发肤，受之父母。应该珍惜身体，这不仅是孝，也是对自己的人生负责。

龚 仆：

我是医生，就从医学角度来讲讲：根据世界卫生组织的定义，人的健康有四个标准，即身体健康、心理健康、社交融洽、品德高尚。这四个方面《弟子规》都讲到了，老祖宗都总结得很好，关键是我们肯听老祖宗的教诲，认真去做。

王娜娜：

"儿行千里母担忧"，我们出门在外，父母在家一定会担心挂念的。自己以后要养成良好的生活习惯，尽量照顾好自己，不让父母担心。

鲁 治：

以前跟父母打电话没有几句话可说，学习《弟子规》后，能体会到父母家人对自己的关心，现在跟他们沟通起来有讲不完的话，感觉和父母的关系变得更融洽了。

丁加兵：

我身边很多朋友《弟子规》学得很好，我在他们影响下也受益很多。《弟子规》讲做人的规矩，是"道"。现在很多年轻人在学各种"术"，"术"讲的是各种技巧。如果在"术"方面讲得过多，缺乏"道"的指导，那么我们的人际关系可能越来越恶化，客户也越来越难做。学习《弟子规》后，我尝试按《弟子规》的教法去跟客户做生意，结果获得了生意伙伴的信任，生意达成率也不断提高。有一次开车送人到机场是四点，正好一位外地朋友搭乘的飞机6点到机场，他也在学习《弟子规》。我就跟他讲，我直接在机场等您吧。这位朋友很体贴我，说："别等了，晚上六点多你还有固定的事要做，不能耽误你。"你看，我为他考虑，他为我考虑。我们工作中能够这样处处体贴别人，关系就会很融洽。

滕树琴：

我的体会是：

一、对于"亲所好"和"亲所恶"，要智慧地去处理和对待。"亲所好"一定要符合国家法律和道德标准，子女才可尽力满足，若是非不分就会助长恶行，对于父母反而是不孝了；而"亲所恶"若"恶"的是积极健康向上的好人好事，我们则要善于引导化解亲人思想上的疙瘩，慢慢转变他的思想，则是

尽大孝。

二、为人父母要有标准，以德来指导和教育孩子，自己作出表率，才有影响力。父母是孩子的一面镜子，是子女的第一位老师，自己若是品行不端，对子女就会产生负面影响，所谓"上梁不正下梁歪，中梁不正倒下来"。

苟　鉴：

通过今天的学习，认识到自己做得很不好，曾经让父母非常操心，很惭愧。以后好好孝敬父母。

冯广远：

"亲所好　力为具"，父母所"好"的是好的，我们"力为具"，但对父母不好的行为习惯，如抽烟、打牌赌博这样的"好"，我们就不能"力为具"了。"亲所恶　谨为去"，假如是父母厌恶的事，我们就要三思而后定。孝具体体现在哪些方面呢？上几节课中已提到恭敬、顺从、体贴和沟通都能让父母体会到来自晚辈孝行的温暖。行胜于言，我们学了要去做，实践了才知道自己到底有没有尽到孝。

龙　多：

春节的时候跟一位师长讲，自己想做点利益众生的事情。这位师长没有正面回答我，而是说：先把自己的事情做好，做得有声有色，慢慢地你就会有很多事情做。我想学习《弟子规》就是要先成长自己，然后才有德行和能力去帮助别人。

谷　炜：

自己是独子，也是老小，一直以来都是一家人照顾我一个，现在慢慢能体会到父母家人对自己的这份深深的关爱。但是很多时候父母为了不让我们操心，往往不会说出自己的需要。冷静反思自己，作为子女，有太多地方做得不足。后来当我尝试为父母做些事情时，心里会很快乐。我会继续好好践行《弟子规》，回报父母和社会。

【2008 年第 8 期】

2008 年 5 月 10 日

春风和畅花儿香，青年才俊聚华藏。先生孔子招贤良，学行教诲化四方。

2008 年 5 月 10 日，华藏图书馆迎来了第八次《弟子规》学习活动。滕树琴、曹芳、谷炜、王志远、谭爱国、龙多、宋霞、黄建波、魏慧乾、孟兆斌、薛万刚、廖家卿、张广、冯广远、朱建新 15 人参加。

本期学习主题为《弟子规·出则弟》里"兄道友　弟道恭　兄弟睦　孝在中　财物轻　怨何生　言语忍　忿自泯　或饮食　或坐走　长者先　幼者后"十二句话。

本期"每周学礼"由谷炜老师带领大家学习：礼貌用语。随后大家通读了《弟子规》教材，止语三十分钟写心得，并轮流上台分享：

滕树琴：

关于"言语忍　忿自泯"的体悟：中国有一句俗语叫"病从口入，祸从口出"。在日常生活中，我们如果不注意言语上的忍让，可能就会给自己带来灾祸。以眼还眼，以牙还牙，这样做的后果只能是两败俱伤。所以说"忍一时风平浪静，退一步海阔天空"。清朝康熙年间，文华殿大学士、礼部尚书张英，他的家人与邻居为了一堵墙的事情，写信给他，希望借助他的力量来解决，张英给家人回复了一首诗："一纸书来只为墙，让他三尺又何妨？万里长城今犹在，不见当年秦始皇。"可见古人胸襟之豁达。因此，我们也要效法有德行的古人，凡事学会忍让，忍让能消除愤恨，消除灾难，使我们的生活安定祥和。

龙多：

这十二句话的核心在"兄道友　弟道恭　兄弟睦　孝在中"。"兄"可以指年长的、指职位高的，也可以指在某些方面比较有经验或资历的，还可以指丈夫。"道"指做人做事的方式、方法和遵循的规律。"友"指关爱，照顾，多指行为。也就是说，作为兄长的要做到关心、照顾弟妹；相反，"弟"可以指年小的、位低的、无经验或资历浅的，还可以指妻子。"恭"指恭敬尊重，侧重于态度。也就是说，做弟弟的要对兄长恭敬尊重。这样做，兄弟之间就能和睦相处，就是对父母尽孝，对社会尽责了。

宋霞：

我们想改变社会的大环境很难，但我们可以从家庭，从自己身边开始改变。家庭小氛围的和睦，就是我们幸福的开始，亦是环境改变的开始。今日社会之家庭，很多父母对子女都是全身心付出，但对自己的父母则是偶尔的关

怀，如果子女看到和学到了这种行为，将来也会"十分爱子女，一分爱父母"，我们应反省此事。

曹　芳：

"内不抱怨，外不较真。"我们的抱怨并不能解决实际遇到的问题，因为每个人都是站在自己的角度去想对方的不是，而不能反思自己，退求和解。忍让并不等于退缩，而是一种非常平和的心态去应对，对方会因此在态度上有所改变。

王志远：

我们应该心胸宽广。心胸宽广才能不以物喜，不以己悲，不为万物驱使，不成为金钱的奴隶，这样心才能解脱出来，才能做到"财物轻"，看待事物解决问题自然就全面了。《易经》说："二人同心，其利断金。"兄弟相处之道，应该平等、公平，这样才能团结在一起。国与国之间，企业之间也是如此，应该平等互利，如果不公平，就不能保持良好的关系，谁愿意交往呢？学至此，感受《弟子规》总的思想讲的是礼法，这个礼法目的是消除对垒、分别，做到和合。虽然事物可以分别出高低贵贱，但好的做法就是和合圆融。

孟兆斌：

兄弟姐妹互相尊敬，把钱财看得淡一些，少说一些伤和气的话，做事多想着对方，兄弟和睦，父母长辈才会安心，家和万事兴。兄弟和睦是报答父母最好的孝行。如果我们为孩子做了敬老尊贤的表率，孩子也会效仿，我们也会得到孩子的尊敬。

黄建波：

本次主题主要教导我们与人相处的心态、言语和行为，使我们能跟大众友好相处，并得到大众的认可。四海之内皆兄弟，一个人如果懂得为子为弟的基本交际道理，自己在社会上就能立足，这是让父母安心的地方，孝也在其中。

长幼有序虽然是饮食和坐走的礼节，其实是一种恭敬心的流露，曾经听有人这样讲过，年轻人如果具备恭敬之心，就会有贵人相助，才能得到领导和长辈们的教导，从而让自己得到成长和提升。

廖家卿：

兄弟姐妹能相处好，互相关爱，多为大家庭着想，父母亲最高兴。一是多在父母亲面前说兄弟姐妹的好话，不说是非。二是兄弟姐妹之间孝养父母，不要因为彼此付出的多与少有争论。家和万事兴,一个家庭有礼有序,上能尊长,下能爱幼,那么我们的家庭就是融洽和温暖的。《论语》上说:"四海之内,皆兄弟也。"我们离开家庭,走到社会上,对朋友要当兄弟姐妹看待,那就会有好的人缘,好的发展。

张 广:

孝乃为人之根基,悌则处事之要义。尊老敬善是规矩,莫到暮年悟此理。

魏慧乾:

《弟子规·出则弟》讲了同辈之间的关系应当怎样相处。这个同辈往小处说是有血缘关系的兄弟姐妹,往大处说是包括家庭在内整个社会上年龄相仿、地位相当的同一代人。现代社会独生子女很多,更加突出了处理同辈关系的重要意义。兄则先友,弟则先恭,我们要做孝悌的主动者。

冯广远:

一个人只有对自己最亲近的父母亲人孝敬,外出才能够对领导、长辈、同事、朋友恭敬、关心。古人讲"修身、齐家、治国、平天下",也就是其中的道理。欲人际关系和谐,谦卑、忍让、包容而已。

谭爱国:

怎样贯彻尊老之教育?个人觉得"换位思考"是很不错的方式。①今日的老者就是明天的自己,要有恐惧心啊!我们不让父慈子逆的悲剧一代代延续下去,为老者就是为我们自己;②"老吾老以及人之老",你对别的老人不尊敬,完全可能被别人加诸于自己的长辈,所以要警醒。

【2008 年第 11 期】

2008 年 5 月 31 日

2008 年 5 月 31 日上午,赵庆忠、张广、寻鲁初、蔡克莉、曹芳、王志远、谭爱国、冯广远等八人参加了华藏图书馆第十一期《弟子规》学习。

本期学习主题是《弟子规·谨》里"朝起早 夜眠迟 老易至 惜此时 晨必盥 兼漱口 便溺回 辄净手 冠必正 纽必结 袜与履 俱紧切"十二句话。

曹芳带领大家温习了上期礼仪,学习了出门礼仪(二)。

诵读《弟子规》及教材后，大家止语三十分钟写学习心得，然后轮流上台分享：

赵庆忠：

时光对于人生来讲很珍贵，每个人根据自己的情况合理而充分地把每一天的生活、工作安排好，生命才有价值和意义。

良好的个人卫生习惯体现出一个人的精神面貌，也可以带给自己和别人愉悦的心情。穿衣服以大方得体、干净整洁为宜。衣服的色调没有必要太华丽，人有内涵，外表气质自然卓尔不凡。这种气质是通过衣服装扮不出来的。人具备了良好的仪态仪表也会影响到周围的人。

张 广：

从这一期开始学习"谨"这部分内容。我们从幼童开始学习孝、悌的规矩和礼仪，随着渐渐长大，我们也要学着离开父母长辈的庇护，独立步入社会接受更多的学习和历练，这就需要我们言行恭谨，而恭谨的德行和气质均是从自身细微的习惯培养而来。

"朝起早 夜眠迟 老易至 惜此时"：是说时光如梭，转眼即逝，我们应倍加珍惜，学行圣贤教诲，视利益社会大众为人生紧要事。

"晨必盥 兼漱口 便溺回 辄净手"：是说从每天早起洗手洗脸、刷牙漱口、便溺净手这样的个人卫生来培养严谨的习惯。个人卫生清爽干净是对自己的健康负责，也是对别人的尊重。但是我们在打扫个人卫生的时候也要顾念到其他生命，所谓"盥漱避虫蚁"，就是说我们在室外洗脸刷牙的时候要小心地面上的蚂蚁等虫子，不要有意无意伤害到它们。不仅如此，我们还要将这种身体的卫生净化扩展到言语说话和起心动念方面，言语柔和，思想纯善无恶，成为身心内外都净洁明澈的人。

"冠必正 纽必结 袜与履 俱紧切"：欲冠正必先头中正，头为全身之首，头中正意在端身正意。注重仪容仪表是对自己形象的维护，也是对社会大众的尊重，所以出门前要照照镜子，其中一层意思是提醒自己出门要微笑，让大家见到我们都很欢喜。正是：

> 人生时日弹指间，
>
> 分秒空过不复还。

当勤精进求道德，

素养始自好习惯。

寻鲁初（七十六岁）：

"朝起早　夜眠迟　老易至　惜此时"：圣贤教导我们，珍惜时光，抓紧时间学习工作。一寸光阴一寸金，寸金难买寸光阴。据资料介绍，人身上有两个生物钟：一个时间，一个饮食。最佳睡眠时间是晚上 9 点至次日凌晨 3 点，可惜现代很多青年人由于种种原因晚上很晚不睡觉，早上很晚不起床，睡觉时间不短，但睡眠质量不高，长期如此，既对健康不利，也不利于工作。

注意个人卫生，养成良好的生活习惯，这样有利于个人身体健康。衣着整洁，不仅使生活丰富多彩，也是对他人的一种尊重。

王志远：

关于睡眠有几种说法：一、黄金分割法，有学者认为黄金分割率约为0.618。吃饭最好吃六分饱，睡眠时间最好为七个多钟头（12×0.618）。二、佛教认为身体无恙的情况下，只需中夜的四小时睡眠足够了，而初夜、后夜便于学习。三、中医认为应早起，对脾脏有利，能健脾，睡懒觉对脾不好。四季养生讲究效法自然，日落而息，日出而作。夏天则晚睡早起，秋天早睡早起，冬天早睡晚起，春天晚睡晚起。早起之后，应该先醒脾，动作应缓，不宜做剧烈运动。漱口后可先吃少量甜食，糖类能补充大脑需要的营养，有味道就能刺激脾活动了，早起后可做保健运动，比如干洗脸、舌刷牙、鸣天鼓等。正衣冠，能修养自己的内心。《管子》有这样一句话："形不正，德不来；中不静，心不治。"《大学》讲："修身在正心。""心"是人的根本，外形都是内心的表现，这里所说的意思与后面的"几案洁，笔砚正；墨磨偏，心不端"大同小异。圣人这样教导我们，意在用行为修正我们的内心，我们应该体会圣贤的用意，方方面面都正心诚意地去做。

蔡克莉（七十四岁）：

珍惜时间，科学而有规律的生活习惯是非常必要的。我庆幸年少从军，在部队得到很好的训练。但却忽视了对子女的培训和教育。有的孩子恰巧是晚不睡，早晚起，穿衣服赶时髦，不注重实用。放眼看去，这几乎是现代年轻人的通病！在部队我们只是被动地接受训练，而未曾真正了解训练的真实用意，以

至于为人母时并不能自觉和适时教育孩子养成好的习惯，乃至告知孩子养成这些习惯的要义所在。现在才认识到这一点，悔之晚矣！

仔细想想，在生活上自己还有许多的毛病，有待于努力去克服，比如，在不适当的时间和地点打哈欠、大声地咳嗽、打喷嚏、手舞足蹈等，我将努力来改这些毛病，再难也要改。

谭爱国：

对"朝早起　夜眠迟　老易至　惜此时"特别有感悟：人生苦短，要抓紧时间学行圣贤之道呀。我们平时大都是因为习惯而麻痹了自己的思想，而某些有濒死经验或者垂暮老者，对此则特别有体会。像今年四川汶川大地震会改变很多人的思想和价值观，促使大家对生命有一个新的思考：我们要珍惜时间，珍惜当下。

曹　芳：

"慎独"也就是《弟子规》中所讲到的"谨"。往往我们在独处的时候很容易放纵自己，认为没有人看到。就是在这些生活的细节中，我们的不良习惯逐渐养成了。"举头三尺有神明"，所以说我们在独处的时候不谨慎，就是对自己不负责任。对于我们做得不到位的地方，我们要内外兼修。行、住、坐、卧上一旦发现有不合礼仪的地方，就要积极地反思，及时地改正。看似简单的生活细节，能够坚持下来，我们就得真实利益。

冯广远：

时间就是生命，珍惜时间就是爱护自己的生命。因为光阴有限，多学一些圣贤文化，不仅可以使自己得到充实，而且能够真切地感受到生命的意义和价值。"幼不学，老何为？"如果我们从小就没有好好学习，当我们老了才发现当初没有学习，悔之晚矣。古人是非常珍惜时间的，岳飞在《满江红》中写到"莫等闲，白了少年头，空悲切"。而现代人却往往没有去珍惜它，更没有活在当下，把更多的时间花在玩游戏、看电视上去了，殊不知"老易至"，当"惜此时"。

【2008 年第 14 期】

2008 年 6 月 21 日

2008 年 6 月 21 日上午，王志远、龙多、谭爱国、张广、孙墨青、谷炜、曹芳、冯广远、孟兆斌、孙兵等十人参加了《弟子规》第十四期学习。

本期学习的主题是《弟子规·谨》里"缓揭帘 勿有声 宽转弯 勿触棱 执虚器 如执盈 入虚室 如有人 事勿忙 忙多错 勿畏难 勿轻略 斗闹场 绝勿近 邪僻事 绝勿问"十六句话。

行礼、读诵、学礼、学习本期主题后，大家轮流上台分享心得：

王志远：

"缓揭帘 勿有声 宽转弯 勿触棱"：告诉我们身体行为要徐缓有度，留有余地，以备不测。其目的是要在身体方面调理好气血的运行，在心理方面要让心神常处于宁静中，从而以静制动。心神不静，就会盲动。"执虚器 如执盈 入虚室 如有人"：这四句是让我们要有不轻视的心，稳重存诚。若心能稳重，才能不随风起浪。做事并不是做给别人看的，修养是修自己。"事勿忙 忙多错 勿畏难 勿轻略"：我们要懂得事情是一点一点做成的，所谓"事以渐成"，遇到问题，想它是难或易都没用，"为之，则难者亦易矣；不为，则易者亦难矣"。"斗闹场 绝勿近 邪僻事 绝勿问"：人吃喝玩乐，最后带来的只有空虚。"说什么脂正浓，粉正香，如何两鬓又成霜？""到头来都是为他人作嫁衣裳"，最终还是一场空。只有学习能让我们有充实感、成就感。星云大师小时候在打坐修行时眼睛左右看了看，师父就打他说："看什么看？什么是你的？"想一想，是这样啊！除了智慧、觉悟，大限来时，我们能带走什么？"事勿忙 忙多错 勿畏难 勿轻略"：做事时不要急，要有轻重缓急的安排，不因事情难而退却，也不因事情简单而轻视它。也就是说复杂的事简单做，简单的事也不要轻视。"斗闹场 绝勿近 邪僻事 绝勿问"：在我的印象中，像舞厅、酒吧多发生命案，电视剧中看到有些人知道别人的隐秘，最后被人灭口，所以圣贤教诲我们要谨慎、止禁的地方，我们不要随便逾越。

谭爱国：

一、谨慎、细腻、轻盈、恭慎等好的行为需要培养。这些好品质的意义是不容置疑的，它体现了一个现代文明人的教养、公德。做好了，人际关系肯定差不了；另外，可以有效地保护自己和他人免受伤害。

二、从"事勿忙 忙多错"谈谈做事的计划性。这个现在已经发展为一

门很专业的学科了，有叫"时间管理"，也有叫"自我管理"的。它主要强调做事要有预见性、计划性和条理性，要求未雨绸缪，分轻重缓急。这样才不会匆匆忙忙，错误百出。另外，做父母的要为孩子树立一个正确的观念：学习功课固然重要，而劳动教育更是一门必须注重的功课。

三、"斗闹场""邪僻事"的危害。比如网吧，有哪些危害呢？其一，玩游戏，损害健康，对时间、对金钱都是一种无益的耗费；其二，这个环境里经常发生斗殴、火灾等危险状况，所以应远离这些地方。

龙　多：

在日常生活中做任何事情都要谨慎细腻，从身边的小事开始做起。反省自己，经常手上有伤口，腿上有淤青，甚至拿张纸也会把手划个口子——这都是行住坐卧不谨慎造成的。"执虚器　如执盈　入虚室　如有人"：强调日常做事的态度，要细心谨慎。记得小时候，到姑姑家，屋中无人时因好奇心驱使把人家抽屉翻了个遍，对抽屉里有兴趣的东西，看了又看。这都很不应该。

张　广：

今日学习的主题告诉我们：凡事预则立，不预则废。

一、触棱自受伤痛，养成"宽转弯"的习惯可以避免，是自利；自己身体健康无恙，则令双亲心安，是孝顺，是利他。

二、"执虚如盈"是训练细致、谨慎的做事习惯。如果马虎忙乱摔破东西，自己心生懊恼。若在单位，还会给单位带来损失，影响领导、同事的心情。所以养成"执虚如盈"的行为习惯是自利，也是利他。

三、忙乱出错、误事，心情不安，忙乱之因大多是没有合理有序地事先着手和行动，"畏难"难以成事，"轻略"有损德行。

四、斗闹场集聚的大多是不够理智的人群，"勿近"是避免这些场所的冲突、打架伤害到自己；对色情、赌博的场所，不接近、不过问，就避免沾染上这些不良习气。人人远离，则这些场所、这些事就渐渐销声匿迹。这里面也有自利、利他。

这些规范一时做到不难，难的是时时刻刻都做到，尤其是在别人看不到的地方，在空室之中还持有这种谨慎的态度，所以"君子慎独"。

曹 芳:

"事勿忙",忙也要忙而有序,不能乱了阵脚。在这一点上,我的体会是一定要注意细节,细节也是一种能力,一种责任。因为生活中往往出差错的地方都在一些细节的地方,由于我们没有注意而导致出过错。

有一件事情让我想起就非常内疚:在一次学术活动中,要把20位画家的画册运到美术馆,这个名单由我提供。当时我只是根据自己的记忆写出了名单,由于疏忽大意把两位同姓的画家名字写成了一个人,写完也没有仔细核实,就给了负责运送的人,结果没写上名字的画家的画就没运到美术馆。第二天正好那位画家来索取他的画册!您说多尴尬!虽然这件事后来也弥补了,但自己一直为此非常内疚。可见做任何事情都要非常注意细节,粗心大意有时会酿成大错。

【2010 年第 3 期】
2010 年 6 月 5 日

2010 年 6 月 5 日上午,段杰、刘艳霞、黄继彬、李云、乔君梅、石慧燕、夏雪、杨春燕、许建云、刘亚丽、路立明等十一人参加了聊城第三期《弟子规》学习活动。本期学习经句"冬则温 夏则凊 晨则省 昏则定 出必告 反必面 居有常 业无变"。

本期先复习了上一期的内容:为什么要学习礼仪?不学礼,无以立。律己敬人,理解尊重他人,律己敬人的行为规范,对他人尊重的过程和手段。尔后轮读本期教材,学习坐姿。正确规范的礼仪坐姿要求端庄而优美,给人以文雅、稳重、自然大方的美感。坐,作为一种举止,有着美与丑、优雅与粗俗之分。正确的坐姿要求"坐如钟",指人的坐姿像座钟般端直,当然这里的端直指上体的端直。

大家通读教材后,止语 35 分钟写学习心得,并轮流上台演讲:

黄继彬:

每次学习,都让自己的内心惭愧不已,对照《弟子规》,对照作为一个弟子应该做到的事情来说,自己的差距太远了。真正地深入经典去学习,每个字都如钟槌,次次敲击着这颗迷失了方向的心,让自己如坐针毡,汗流浃背,羞

愧难耐。之前自己太多的不孝如鞭，笞打自己的身心。今天在这里学习，方知如何做才能为人之合格子弟，也才知道当如何以自己的言行去影响子女。

千里之行，始于足下。我们要趁父母健在之时，从孝之基本着手，及时行孝，关爱父母的生活起居，时时以父母的身心为念，和颜悦色地对待父母，关注父母的身心健康及所思所想，提前就要把父母挂念、思虑之事处理好。

石慧燕：

作为一名幼儿教师，首先应做的就是给孩子们做好榜样，以身作则。但我做得不好，有很多地方需要忏悔和改正。有时检讨还没有小朋友做得好呢！比如，小朋友给妈妈洗脚、给妈妈捶背、帮妈妈洗洗小衣服等，我就没有做到。没学《弟子规》之前根本没有想过要做这些，学习《弟子规》之后，理论上知道了，就是不付诸行动。

《黄香扇枕温衾》的故事，我曾给孩子们讲了好多遍，每次孩子们的感慨都很多，很高兴的是孩子们都能想到怎样孝敬父母。我们现在和以前的时代不同，现在夏有空调，冬有暖气，小朋友也不用扇枕温衾，但我引导孩子，虽然不能像黄香那样，但我们要比黄香更关心父母，夏天父母上班出门时要提醒注意安全，帮父母拿好防晒的帽子、伞等；冬天，提醒父母多穿衣服，注意保暖。讲完一遍，孩子们在第二天上学的时候就会告诉我：老师，我今天帮妈妈扫地擦桌子了；今天妈妈上班时，我和妈妈说要注意安全。好多孩子说的时候很兴奋，我也很高兴。我以后要坚持去讲！

夏 雪：

通过这期的学习，更加认识到自己的不足。上周星期天有事回家，爸妈都早早地等在家里，可我们却不紧不慢地到了11点多才进家，爸妈也没有说什么，还是很高兴地准备饭菜，吃饭的时候，爸爸无意间说了一句："这次怎么这么长时间没打电话呢？"我说上周买了一些衣服捎回家，以为没有什么事就没打。但爸爸说了句"那是不一样的"，听到这我心里真的不是滋味。古代"香九龄　能温席"这么小的孩子都知道该如何孝顺父母，并且做得那么自然，而如今再看看我们，说一句孝顺父母的话都觉得不好意思，替父母洗洗脚都不知该如何做起，每做一件事，都那么做作，不再那么自然。

曾听到一个故事：一个中学生被一篇孝行的文章感动，决定马上回家对着父母说"爸、妈我爱你"，当时是晚上，外面正下着大雨，他是一名住校生，离家有好几公里的路，还要步行，但他却毫不犹豫地冲进雨里回家了，回到家以后已是深夜，他"咣咣"的敲门声吵醒了父母，父母马上起床开门，看见他以后先是吓了一跳，询问他发生了什么事，而他精心准备的一句话却不知该如何对父母说，心里想：说出来父母会责备我，就一句话，你傻了。第二天一大早，父亲又送他回校，并找到班主任了解情况。试想这是感恩父母呢还是给父母带来麻烦呢？是父母变了还是我们变了？值得深思……

李 云：

通过礼仪学习，我能时刻提醒自己的坐姿、站姿，通过学习也使我深深体会到礼在生活、工作中的重要性，并且礼仪对身边的人和孩子的成长都起着非常重要的影响。通过学习"入则孝"，我看到古人对自己父母双亲的体贴照顾，自己的所作所为是远远不够的。今后要用自己的实际行动去照顾好母亲，不要让老人再为我操心，好好地为孩子做个榜样，让她们从小养成体贴父母、关心老人的好习惯，让她们从小养成"出必告 反必面 居有常 业无变"的良好习惯。

杨春燕：

通过学习《弟子规》，使我知道对父母关怀的不足，也使我明白关心、体贴父母不光是物质上的关心，而是从关怀父母的生活起居开始，要时时刻刻关心、想念自己的父母。不要在我们需要父母的时候，才想起回到父母的身边，我们要从对待父母的点点滴滴做起。早上起床的时候，我从来没有向父母问过好，现在我知道一句"早上好"会给父母带来欢乐，也会给家庭带来和谐，孩子也会受到良好的影响。我以后要坚持力行下去，晚上下班回家，把一天生活中的高兴事，和家人一起快乐分享，也让孩子有个快乐成长的环境，这是多么美好的事情，所以我更要坚持。

"出必告 反必面"这是对家人及朋友的尊重。现在有的夫妻之间出现破裂、不和谐就是没有做好这一点，只有你尊重他人，他人才会尊重你，夫妻之间、朋友之间才会和谐相处。自己要有固定的住处，这样方便和家人联系，让父母不为我们担心，这也是孝心。选择了一份工作我们就要以身作则去做好，只要我努力了，而且有一颗恒心，我们就一定会学有所成、业有所就，我们的

成功使父母得到了安慰，这就是对父母的孝心。

乔君梅：

今天的学习让我感触最深的是，作为子女，我们太让父母操心了。就像《弟子规》里面所说的"出必告　反必面　居有常　业无变"，我记得在我小的时候，当要上学时就会说"娘，我走了，上学去了"，放学即回家，快进门时就会喊"娘，我回来了"，我想母亲当时一定感到很温暖。等我们长大了，有了自理能力，离开父母去工作了，其实这时候父母更为我们操心，他们看不到我们的生活起居、工作环境，那么就会在家胡思乱想，尤其是女孩。我记得自己刚上班的时候，也就是第一次外出打工，当时没有别的想法，就是想能早些为家里挣些钱。我在一家餐饮公司工作，每逢假日，回到家以后就尽量把我们的工作环境和住所情况，详细地讲给母亲听，让她了解、明白后不再为女儿担心。

段　杰：

今天学习的内容是：冬则温　夏则凊　晨则省　昏则定　出必告　反必面　居有常　业无变。

这就是说，我们作为子女要问候、关心父母一天的生活起居，观察了解父母的需求，侍奉照顾好父母，把对父母的关怀身体力行落实到生活的方方面面、点点滴滴。自己的一言一行、一举一动、学习工作、饮食起居也要得体、有序、有规律，好让父母放心。

话语虽短，却很不容易做到。有的人只管自己高兴，想怎么做就怎么做，从不顾及他人的感受，甚至藐视国家法律法规。比如，有些路段交警部门按规定设置了单行道，就有那么一些司机故意不遵守规定，结果造成交通堵塞一两个小时，人们怨声载道，他还强词夺理。三国时的刘备云："勿以恶小而为之，勿以善小而不为。"做一个饮食起居有规律、善于管理自己、不让父母为我们操心的人，本身就是在尽孝。

刘亚丽：

今天这节《弟子规》课的学习使我感受颇深。学到"出必告　反必面"时，我感到倍加内疚。记得在正月十五那天，我告诉父母，今天和几个同学出去玩，爸妈答应后，我就和同学出去了，到了中午，同学说"都去我家做饭吧!"我们都不好意思拒绝,就都去了,玩得特别开心,一晃就到下午 3 点多了。这时我才想到坏了,爸妈还等着我回家吃午饭呢!我就赶紧坐公交回家,到家已经 4 点了,爸妈正坐在沙发上不知所措。他们一看到我回来了,就焦急地问:"去哪里了,出什么事情了吗?为何没有回家吃饭啊⋯⋯你再不回来我和你妈妈就准备贴寻人启事呢!"我漫不经心地说:"嗯,在同学家吃过了。"爸爸说:"以后不论到哪,都要和家里说一声,这样我们也好放心,你看你这次,我和你妈妈连饭都没有吃好,找你又找不着,只能等⋯⋯"父母的万分焦急,就等来了我搪塞的一句话。当时的我并没有领悟到父母的那颗心,现在觉得很自责:我一时的粗心、考虑不周,使爸妈不安,身心焦虑,如此看来我是多么的不孝啊!以后再有这样的事就一定会告知父母,不让他们再为我担心了。

路立明:

深入细致的共修总让自己有新的认识,"冬则温 夏则凊"虽说现在不用像黄香那样扇枕焐被,而我们又在平时给了父母多少关心与问候呢?有人说,如果以关心自己的孩子的一半的程度来关心父母,就已经是非常尽心尽力的了。纵观现实社会,不少人总是在变换职业,有时生活也充满些无奈;但无论怎样,只有尽孝道才真正能让自己安心;因为父母的心无时无刻不在关爱着我们,所以无论我们所处的境况如何,总得想办法安父母的心。

【2010 年第 7 期】

2010 年 7 月 3 日

2010 年 7 月 3 日下午,郎树青、许建云、李小青、周青、吕磊、位红婷、刘亚丽、杨春燕、孙晓琳、刘艳霞、乔君梅、路立明、段杰等十三人参加了聊城第七期《弟子规》学习活动。本期学习经句:"亲有疾 药先尝 昼夜侍 不离床 丧三年 常悲咽 居处变 酒肉绝 丧尽礼 祭尽诚 事死者 如事生。"

本期先复习了居家礼仪的第 1 条到第 6 条。而后学习了居家礼仪的第 7 条到第 12 条的内容。本期由乔君梅老师来主持。

大家通读教材后,止语 35 分钟写学习心得,并轮流上台演讲:

李小青：

通过今天的学习，知道了"养儿为防老"的意思。"亲有疾　药先尝　昼夜侍　不离床"，父母在生病时，不只是身体上需要照料，更需要在精神上和心灵上的安抚。

俗话说"小羊跪乳，乌鸦反哺"，作为动物都知道感恩，我们做人更要做得更好。毕竟，人类社会中父母的付出和关爱只会更多更深沉。所以在父母需要我们的时候，我们应以百倍的付出来回报和感恩他们。在清明节、春节期间祭拜亲人，其实是提醒我们要常常忆念父母的恩德。

周　青：

有句话叫"吃水不忘挖井人"，父母是世界上最爱我们的人，当父母生病的时候，最需要的是子女的照料和关心。如果有儿女的关心和照料，有时候比吃药还好使。

孔子说：孩子生下来三年之久，方才离开父母的怀抱，而我们为人子女，在父母去世后的三年内，更应该时时刻刻地想着父母，不要忘记父母赋予生命的恩德。

记得，初三刚开学的时候，班主任念同学的日记，其中有一篇叫《知子莫若母》，内容虽不长，但很令人感动。大意是说：她中午不愿意吃饭，母亲也没有说什么，只是在她感觉饿的时候，悄悄将一盘水果和点心放在她的书桌上。通过这些点点滴滴的小事，就能看出世界上最关心我们的人是父母。

吕　磊：

中国有句古语：滴水之恩，当涌泉相报。父母对于子女，不止是滴水之恩，父母把自己最美好的东西，都奉献给了自己的子女，所以作为子女要时常感念父母恩德。在父母需要帮助时、生病时，要尽心尽力地照顾父母。家是每个人心中最温暖的港湾，家庭的美好环境是每个家庭成员来共同维护的。

对于父母要给予发自内心的尊重和关爱。人生尽量不留遗憾，树欲静而风不止，子欲养而亲不待，所以要珍惜现在，把握当下，时刻注意孝敬父母，不要等到将来再来后悔。

位红婷：

居家礼仪中有"不在中门前站立，过门不踩踏门槛"，记得小时候在姥爷家时就犯这个错误，当时姥爷严厉批评了自己，感觉姥爷不疼爱自己，所以怕他，也不愿意去姥爷家。后来通过学习才知道，这是礼仪。

"丧尽礼　祭尽诚　事死者　如事生"，办理父母的丧事要合乎礼法，要诚心诚意，如同父母在世一样的恭敬。现在有些兄弟不和睦，甚至有在办丧事时，将父母草草埋掉，这怎么能对得起父母的养育之恩呢？

我们现在还年轻，应该在平时多关心他们、照顾他们。不要等到"子欲养而亲不待"时再后悔，那已经来不及了。最后祝愿天下所有的父母都能够健康幸福。

刘亚丽：

"亲有疾　药先尝　昼夜侍　不离床"，谈到在父母生病的时候我们应无微不至地去照顾他们，这样可以使他们的心灵得到安慰，疼痛减轻，病也好得快，这也是孝。可是我们现在绝大多数人所做的与所学的相悖，不要说尝药了，父母病时我们根本就不在身边，甚至连电话都不打一个，究竟我们太忙了？还是那颗久违的孝心沉睡了？时间不等人，把你的专注力移动一下吧，转到父母身上，竭尽全力为他们做些什么吧！这是为人子女的本分。

杨春燕：

居家礼仪中教育我们，要养成良好的品德习惯，在生活中有很多不注意自己形象的人，坐无坐姿，站无站姿，不文明，让人反感，所以一定要在生活中注意。

"亲有疾　药先尝　昼夜侍　不离床"，父母生病时，如果子女能尽心尽力地照应，这对父母是很大的安慰和力量，即使再苦再累也能挺过去。我自己的亲身感受：有一天，肚子突然疼得很厉害，当时孩子很关注地问："妈妈，你怎么了，你哪里不舒服"？还端来水给我喝，当时就感觉病好了一半。

孙晓琳：

今天的学习中讲到亲人有病和去世时，作为子女应该做的事。我想到一个例子，我舅舅病了，是脑炎，我们对他隐瞒了病情，医生说他的日子可能不多

了。我去探望时发现他神色比以前却好了很多，我就问他为什么。他说："你的哥哥、姐姐现在常在身边，以前我都不容易见他们一面。"他自己以为只是冲冲血管，没有什么大病，儿女在身边真正让他感觉到了生活的希望和美好。以前我爸爸也生病住过一次院，当时不知道去照料，现在真的很后悔，以后我一定不再犯类似的错误。

刘艳霞：

今天是学习"入则孝"的最后一段，其中从各个层面讲到对父母应如何尽孝道，用一句话来总结就是"细心观察，急父母之急，想父母之想"，"树欲静而风不止，子欲养而亲不待"，遵循自然规律，滴水之恩，涌泉相报，好好关爱父母，我们大家都会幸福。

附录 II　践行心得

德行从小建立
——《弟子规》践行小结

◎ 曹　琳

"书声琅琅乍回时，圣贤气象先知。雨晴喜色谁争报，向明窗，鹊上高枝。流转年华有味，峥嵘王府多姿。"

送别己丑迎来庚寅，王府一派新气象。每日清晨，悠悠庭院传来琅琅诵读声："弟子规。圣人训。首孝弟。次谨信。泛爱众。而亲仁。有余力。则学文……"古训韵味悠长，孩子们笑颜明朗。

人一生的成就在德行，德行从小建立。我们深知：人性本善，断恶修善就是帮助孩子从习性回归到本性，这才是教育。童蒙养正，以圣贤为师，与经典为友。老师们身先士卒，悉心教导。面对天真烂漫的孩子，手捧圣贤书，先求熟读，不急求懂，以期重拾文化经典，深植读书风气，开启孩子的智慧。我们期待孩子们将来"性情端正，才华洋溢"，深爱本土。

一门深入，长时熏修。熟读成诵之后，老师们将《弟子规》中引申的经典故事带给孩子们，"随风潜入夜，润物细无声。"孟母三迁、季札挂剑、虞舜大孝……这些经典的故事如一颗颗善良的种子根植在孩子们稚嫩的心房，伴随着他们的成长，引领着他们去做身边的每一件小小的善事。"勿以恶小而为之，勿以善小而不为。"在老师们的熏陶下，如今，孩子们遇见师长知道深深地行礼鞠躬，见到同学摔倒了能轻轻地将同学扶起，回到家中首先向身边的长辈恭敬问好！一位家人感慨地说，养育这个孩子那么多年了，冬日的夜晚，孩

子第一次为自己温寝，让她感动一生。

孩子们在《弟子规》的学习中不断践行。

"身有伤，贻亲忧，德有伤，贻亲羞。"课下有因追跑打闹受伤的孩子，这时老师会告诉他，当他不爱惜自己而受伤了，此时最心疼的是将他养育成人的父母，如果依然如故，那就是最大的不孝。"身体发肤，受之父母，不敢毁伤，孝之始也！"王府的谦谦小绅士们、小淑女们，在坐立行走中就这样逐步拥有了一份孝亲的情怀，加深了对父母的爱戴和对自己的关爱。《弟子规》的学习已入了孩子们的心。

"对饮食，勿拣择，食适可，勿过则。"用午餐对王府的小朋友们来说是一种享受。食不言，寝不语。在悠远的古琴声中，小朋友止语享受着营养配餐。"记功多少，量彼来处，"老师们教育孩子要珍惜天地间给予我们的福报，不浪费粮食，要饮水思源，知晓其来之不易。

"步从容，立端正，揖深圆，拜恭敬。勿践阈，勿跛倚，勿箕踞，勿摇髀。"一个人的行为是他的修养和素质的外在体现。古人讲求坐卧的仪态要：立如松，坐如钟，行如风，卧如弓。我们以古风来端正、培养孩子的仪态，正是为了从小培养他们沉稳正直，做事不慌乱、不毛躁的性格，使他们受益终生。常有国际友人来王府参观，孩子们行礼问好恭敬谦和，使受礼者感到被尊敬而心生欢喜，正所谓"小节显真诚"。

"凡是人，皆须爱，天同覆，地同载。"这种爱不是自私之爱，而是付出和奉献的仁爱。云南干旱、玉树地震，深深地触动了孩子们的心，他们纷纷从家中带来了自己最心爱的文具和玩具，拿出了自己积攒的一直舍不得花的压岁钱。稚嫩的小手传递的是一份真情，明亮的眼睛里是一份澄澈的悲天悯人的情怀。我们捐赠的物资如今已抵达灾区，古训的学习在同学们与远在千里的灾区小朋友之间架起了一座爱的桥梁。

"房室清，墙壁净，几案洁，笔砚正，墨磨偏，心不端，字不敬，心先病。"我们教育学生要养成好习惯，珍惜爱护整洁的学习环境。要将桌面上的各种物品摆放有序、置放有位。孩子从小学会有条不紊地安排自己的学习和生活，会有成就感，更能"习劳知感恩。"有一个小朋友每天把他的地面都弄得很脏，可是他总觉得这是小事，不愿意去打扫。老师抓住契机给大家讲了古时

《陈蕃扫屋》的故事。孩子无言以对深受触动。的确是这样，"一屋不扫何以扫天下"。我们做任何事情，都应脚踏实地，从点点滴滴做起。

"非圣书，屏勿视，蔽聪明，坏心志，勿自暴，勿自弃，圣与贤，可驯致。"学习圣贤教诲，一要立志二要力行。只要我们奋发努力地去学习，圣贤的境界虽高，通过循序渐进的修学，同样可以成为有贤德的人。

中华传统文化是中华民族的精神财富和珍贵遗产，这一学年在王府推行《弟子规》让我们深深地感受到"修德"才是一个人生命中最重要的，它是我们生活幸福、事业成功的根基，更是每一个孩子成长为参天大树的基础。"士不可不弘毅，任重而道远。"

作者简介：

曹琳，女，北京市实验二小王府二年级 14 班班主任，华藏传统文化推广种子老师。热爱传统文化，率先在该校进行弟子规推广践行，并于 2010 年 3 月在雍和宫国子监成贤国学馆发起由该班全体同学和家长共同参与的国学亲子活动。在 2010 年 6 月的一年级结业式中，她所带班级还以节目的形式，在人民大会堂代表王府的同学向全校师生汇报学《弟子规》的心得，得到嘉宾好评及领导赞许。

芬香满溢

—— 和易学苑教学心得

◎ 王 舟

教育家威廉·詹姆士说："播下一个行动，你将收获一种习惯；播下一种习惯，你将收获一种性格；播下一种性格，你将收获一种命运。"少年儿童是祖国的未来，尤应有良好的道德修养和行为习惯。2010 年 7 月 12 日至 8 月 20 日，我们华藏种子培训班的老师来到了和易学苑，在这里讲述以《弟子规》为主的中国传统文化经典，教孩子们学做人学做事。我们在这些孩子们幼小的心灵中，栽下一粒种子，细心浇灌，促其萌发，为将来扬帆驶向幸福的人生海洋修舵树帆。

《弟子规》是很具有践行性的蒙学经典，而且蕴涵着"仁"的思想。我们在教学中将"美"与"爱"作为情感教育的主旋律，教孩子们孝敬父母，敬爱尊长，关爱亲友，爱护自己，谨言慎行，追求美好生活，并且通过讲故事、做实验、互动活动等方式，帮助孩子们理解课文的内容。孩子们很受触动。

和易学苑注重逻辑思维的培养。一方面，我们拓展了思路，在课程中加入了发散思维训练、辨别是非归纳推理、即时性实践训练等能力培养的内容，从能力提升的角度帮助孩子们理解和践行《弟子规》。另一方面，我们也面临了更大的挑战，面对年龄层次参差不齐的孩子们，故事的选择、活动的设计更加困难了。在这炎炎夏日里，大家不畏酷暑风雨，怀着坚定的信念，进行着努力。第一，由轮课制调整为集中主讲制度，优化了教师资源。第二，积极调整教学方法，用各种活动和富含哲理的故事帮助孩子们理解课本内容。第三，利用"力行表"形成家校联合，监督和指导孩子在家学习和实践。第四，每节课后都撰写"教学反思"，对教学过程进行评价，进一步改进教学策略。最后进行的小测验，证明了我们的努力没有白费，孩子们的心里有了棵小苗可以发芽成长，这让我们感觉到挑战困难成功后的喜悦。

我们这群华藏派出的教师，作为"园丁"，真切地感受到了"灵魂工程师"的艰苦与幸福。我们与孩子们纯真的心有了贴近的机会，教授《弟子规》的同时，自己也经历了一次心灵的净化，对教学策略有了新的认知和探索。这些让我们心中充实，感到一种无可比拟的成就感与愉悦。

感谢华藏提供给我们这样一次人生体验机会，也让我们这些志趣相投的人成了朋友。愿更多的人加入到华藏，成为传统文化的推广"种子"，传扬美德，让我们的家园芬香满溢。

作者简介：

王冉，女，北京四中历史教师，首都师范大学历史学硕士。因专业关系，一直对中华传统文化有深深的热爱，从在北京劲松三中任职伊始，即与华藏展开合作，在学校推广《弟子规》并取得了较好的成绩。2012 年调至北京四中工作后，更是将传统文化融入自己的工作和生活，实际得到受用。愿以古圣先贤广阔而深邃的智慧，滋养每一颗幼小的心灵！

《弟子规》推行心得

◎ 段 杰

参加了华藏传统文化推广种子班之后，末学在山东聊城新宝宝亲子园按华藏"学行教"三位一体教学模式组织《弟子规》的学习。目前已经进行了二十多期。以下是对共学活动的一些心得感想。

一、准备工作永远不嫌细致。在学习的前一天，应就相关的事宜再检查确认，尽量做细各项工作。应准备录音的工具，有些同学第一次参加，发言与书面不同，或者有的不动手写而现场发挥，此时如无记录，后期整理文档时会相当困难。其他诸如纸笔、照相机等一应物品，也需准备妥当。

二、不要轻视任何人。经典说"不轻未学难"，现场学习的每个人身上所蕴涵的能量都是无限的，智慧也是无穷的，仅从外表上来判断人的学识或者品行的时候，事实往往会给你展现深刻、生动的一堂课，在分享过程中常常就有这样的情况。

三、真心忏悔是感人的"原子弹"。在心得中，好多同学提到自己曾经对父母有过种种的不是，不由得让我回想到自己在日常生活中对父母的种种不敬，悔意油然而生。共学当中，学员的发言感人至深，或虽语言不华丽，或因中间情绪的激动而出现短暂的停顿，但往往却给人以心灵的震撼。那种感情，让人感到恰如迷途羊羔找到了回家的路，亦如茫茫征程上的浪子找到了心中的彼岸。

四、随喜心态的重要性。在求取大道、真理的道路上，人人平等，不因尊卑贵贱而有差别，所以不管对任何人的善心善举，都要随喜赞叹。你能这么做，本身就在进步；但如果你不以为然，甚至嗤之以鼻，那么你心里已经满了，立马就大踏步后退。

学习的最后一个环节是学唱孝亲励志歌曲。《跪羊图》舒缓而扣人心弦的乐曲声如甘露流注到每个人的心中。人的真情流露时，是不受意识控制的，泪水是最好的证明。这样的歌曲不用反复教唱，在座学习的学员听到了也会跟着唱。此时无声胜有声……

作者简介：

段杰，男，1970 年 9 月出生于山东省聊城市东昌府区，汉族，大学文化。现为东昌府区兴华路小学办公室主任，东昌府区政协委员，民革东昌府区委委员。出自书香门第，自幼家教严谨，做事循规蹈矩，喜好读书且涉猎广泛，尤其爱好中华优秀传统文化。座右铭：学高为师，见贤思齐。行有不得，反求诸己。心动为公，量力而为。损己利人，上上大吉。